百年基业引导技术系列丛书

FEATURING THE DRIVERS MODEL

THE EXECUTIVE GUIDE TO FACILITATING STRATEGY

共创式战略

经理人战略与业务规划引导指南

（升级版）

[美] 迈克尔 · 威尔金森（Michael Wilkinson） 著
石基延 译
唐长军 审校

電子工業出版社
Publishing House of Electronics Industry
北京 · BEIJING

Michael Wilkinson: The Executive Guide to Facilitating Strategy: Featuring the Drivers Model
ISBN: 978-0972245814

版权贸易合同登记号 图字：01-2015-3065

图书在版编目（CIP）数据

共创式战略：经理人战略与业务规划引导指南：升级版 /（美）迈克尔·威尔金森（Michael Wilkinson）著；石基延译. 一北京：电子工业出版社，2021.4
（百年基业引导技术系列丛书）
书名原文：The Executive Guide to Facilitating Strategy: Featuring the Drivers Model
ISBN 978-7-121-40004-9

Ⅰ. ①共… Ⅱ. ①迈… ②石… Ⅲ. ①企业管理－战略管理－指南 Ⅳ. ①F272.1-62

中国版本图书馆 CIP 数据核字(2021)第 044317 号

责任编辑：杨洪军
印　　刷：北京盛通商印快线网络科技有限公司
装　　订：北京盛通商印快线网络科技有限公司
出版发行：电子工业出版社
　　　　　北京市海淀区万寿路 173 信箱　邮编 100036
开　　本：787×1092　1/16　印张：16.75　　字数：322 千字
版　　次：2015 年 8 月第 1 版
　　　　　2021 年 4 月第 2 版
印　　次：2021 年 12 月第 2 次印刷
定　　价：68.00 元

凡所购买电子工业出版社图书有缺损问题，请向购买书店调换。若书店售缺，请与本社发行部联系，联系及邮购电话：（010）88254888，88258888。
质量投诉请发邮件至 zlts@phei.com.cn，盗版侵权举报请发邮件至 dbqq@phei.com.cn。
本书咨询联系方式：（010）88254199，sjb@phei.com.cn。

“百年基业引导技术系列丛书”推荐序

引导重塑组织

当下，引导愈来愈被不同类型的企业和组织认同，成为组织发展、业务管理、绩效改善的一种工作方式，其理念和方法也被众多的企业管理者和专业工作者所接受，他们通过内训或外部学习，或者通过实际的工作坊体验完成了对引导的认知和认同，认为引导的应用场景无处不在，甚至扩展到教育工作者和父母等群体，未来每人都应该成为引导师，都应该掌握引导的基本技能和关键能力。

所谓“引导”，英文为 Facilitate，原意是“让事情更加容易、更加简单”。作为一个方法论，引导技术在国外管理界已经相当成熟，其主要用于推动一群人更有效地研讨、决策，形成高质量的结果。而以大中型企业、管理顾问公司为首的国内企业与组织也早已关注引导技术，并逐步将其引入、推广和应用，目前引导技术已经初步具备了一定的影响力。

引导技术的使用者主要包含两大类人群。一类是专业的工作者，他们是组织内部的 HR 和组织发展部门，或者外部顾问、教练、行动学习催化师等。他们参加专业引导课程学习与认证，以丰富自身的储备，同时在工作场所不断实践，积累经验，为业务部门打好场子，提供支持。另一类是企业或其他组织中的管理者，他们通过掌握一些引导工具，以便提升日常会议的效率。这两类人群有一个共同的需求，就是期望有一套引导技术的系列书籍，一方面可以快速掌握一些好用易用的工具技巧，理解引导的价值；另一方面可以将其作为技术进阶的辅助材料，随时翻阅检索。正是这种需求，成为我们推出这套引导技术系列丛书的初衷。

作为国内领先的行动学习与引导技术的研究、实践和推广专业机构，百年基业在中国企业中大量应用行动学习时发现，引导技术不仅可极大地帮助行动学习法更好地实施与落地，而且早已在国际上形成了一个完整的技术体系，二者相辅相成、形影不离。

经过百年基业同人的精挑细选，并在电子工业出版社的鼎力相助下，我们终于为国内读者奉上了这套“百年基业引导技术系列丛书”。该丛书涵盖了从理论到实务、从方法到案例的诸方面内容，相信对于专业引导者和各类组织的管理者，都能提供全面的帮助。

本系列丛书共六册，包括《结构化研讨》《引导的秘诀》《虚拟引导的秘诀》《大师级引导》《共创式战略》《引导式培训》，它们分别从引导的流程、技巧、平台、策略、战略共创场景、培训赋能场景应用等方面来说明引导的价值。

《结构化研讨》由工作社区（Community At Work）创办人、国际知名引导师山姆·肯纳等人所著。本书介绍了结构化研讨决策的经典模型——钻石模型，详细介绍了结构化研讨决策的三个阶段（发散期、动荡期、收敛期）的概念。在每个阶段都提供了丰富的工具，展示了多方面的案例，以呈现不同做法带来的不同结果。

《引导的秘诀》是美国引导界领袖人物之一迈克尔·威尔金森先生的核心著作，他是美国韬略公司创始人兼 CEO、国际引导学院董事、美国引导师资库创始人。本书被公认为引导技术的经典著作，系统地讲解了如何引导一个团队进行深入研讨的基本技术，包括引导工作的模式、框架和流程。本书内容丰富，深入浅出，操作性极强，实为引导者必备的宝典。

《虚拟引导的秘诀》同样由迈克尔·威尔金森先生所著。虚拟引导是指通过使用视频、音频、会议软件等技术，对不集中在一起的参与者进行引导，这一操作方式对引导者提出了更高的挑战。本书系统介绍了虚拟引导的步骤，以及需要解决的一些重要挑战。例如，如何保持团队动能？如何保持人们的全程参与和投入？如何处理“匿名者”？此外，本书还介绍了一些常用的技术手段，提供了多个案例，使读者能够快速使用这一新的技术。

《大师级引导》是全球引导大师英格里德·本斯女士继《引导：团队群策群力的实践指南》后的又一力作。英格里德·本斯被引导业内人士称为“引导界的女王”。本书旨在帮助引导师获得实用的高级引导策略与技能，主要聚焦于五大方面：高级引导者应具备的胜任能力与个人价值观体系；帮助团队做复杂决策的核心手段与方法；团队冲突管理的九种干预工具；高级引导咨询策略；高级引导的十四个基本流程。本书势必会为中国引导从业者与应用者带来更高水平的专业发展指引，将引导技术的应用推向更加深入的阶段。

《共创式战略》是迈克尔·威尔金森先生的又一力作。书中详细介绍了战略驱动模型，引导战略规划的关键组成部分与流程步骤，战略规划计划、执行质量的评估精要和相应的工具模板，以及标杆组织战略规划最佳实践。通过作者开发的战略驱动模型和相应的工具模板，专业催化师和高层管理者可以轻松地引导团队完成战略规划和执行。

《引导式培训》一书是百年基业董事合伙人韦国兵老师和施英佳老师多年践行引导式教学的经验总结，借助引导技术助力培训实现"以学习者为中心"的初心，从工作问题或业务挑战出发，引导大家群策群力，在培训赋能的过程中，实现智慧共创与聚焦，最终解决问题，达成共识。需要指出的是，这种培训模式绝不仅是简单的"引导+培训"。《引导式培训》一书更倡导的是，用引导的理念实现培训的价值转化，将引导技术灵活融入各类培训场景中，通过培训师与引导者身份的无缝切换，实现培训能量的自然流淌，让学员真正成为课堂的主角，帮助个人与组织解决问题，助推业务发展。

我们欣慰地看到，在多次修改之后，本系列丛书终于付梓。在此，我们要感谢电子工业出版社编辑的辛勤付出，感谢百年基业同人的大力支持与帮助，还要感谢对引导技术长期关注的同行、客户，正是这一大群精英人士对引导技术的钻研与痴迷，才使我们有了不断前行的动力。

由于时间、水平所限，本系列丛书的译校和写作难免有不足之处，真诚欢迎读者不吝指教，裨使本丛书能够常读常新，为引导技术在中国的发展贡献绵薄之力。

是为序。

唐长军　石基延
北京百年基业管理顾问有限责任公司
2020 年 9 月 21 日于北京

唐长军　长江商学院 EMBA，百年基业创始合伙人，中国行动学习协会（CSAL）发起人，国际引导学院（INIFAC）全球首批认证资深引导师（CCF），美国韬略公司（LSI）"引导的秘诀""共创式战略"认证课程导师，新加坡引导师协会（FNS）"SPOT 团队引导"课程认证培训师，国际行动学习催化中心（CALF）中国分会会长暨认证行动学习催化师。他著有《行动学习画布》一书，也是《引导的秘诀》《SPOT 团队引导》《行动学习催化秘籍》等多本图书的联合译校者。联系方式：tangchangjun@gene100.com。

石基延　百年基业高级合伙人，战略共创和行动学习资深专家，战略共创画布模型创立者。他专注于企业战略管理，以共创的方式帮助企业规划和落地战略，独创战略共创画布模型，是多家企业的战略顾问，聚焦于帮助企业开展战略规划、战略复盘、战略路径、战略解码、经营计划、年度计划等工作坊。他也是行动学习和引导技术专家，在将行动学习、引导技术应用于战略规划与落地方面做了大量的研究和实践工作，具有丰富的实战经验和独到的见解。他具有 16 年的企业中高层管理经验，历任集团公司企业大学执行校长（该集团旗下 3 家上市公司，20 余个产业，涵盖地产、金融、新能源、制造等领域）、科技公司培训学院副院长、互联网公司运营总监、大型连锁企业销售总监。联系方式：shijiyan@gene100.com。

译者序

在过去的几十年中，中国企业的战略管理经历了三个变化阶段。第一阶段是粗放式发展阶段。伴随着中国经济快速发展所带来的红利，企业发展更多依赖机会捕捉和大胆行动，往往靠着创始人对市场机会的敏锐洞察和果敢决策，企业就得以快速发展和壮大。在这个阶段，大部分企业往往没有进行有意识的战略管理，也没有形成系统的战略思维。

随着中国经济的日渐成熟，以及大量西方成熟企业进入中国市场，中国企业所面临的客户需求、市场竞争、监管要求等都在发生着巨大的变化，企业的经营挑战也与日俱增。此时，企业已经无法在原有的粗放式管理模式下继续获得发展红利和快速增长，越来越多的企业领导者开始关注战略管理，开始寻求优化企业战略管理系统，以使企业继续获得持续的成长与发展动力。这时中国企业的战略管理进入了第二阶段，即引入和学习成熟的战略管理理论与方法，开展战略咨询项目。

在这个阶段，中国企业热衷于向波士顿、罗兰贝格、埃森哲、IBM 等国际知名战略咨询公司寻求帮助，通过引入战略咨询，开展市场分析、战略定位、战略规划、竞争策略制定等战略工作。中国经济环境还不完善，很多行业的竞争格局、客户需求、行业服务标准、企业经营精度要求跟西方成熟国家和成熟市场相比还有不少差距。中国企业所面临的市场环境和未来发展趋势，正是西方成熟企业曾经历过的。所以，通过引入咨询公司成熟的市场经验和发展模式，并结合中国市场情况制定相应的战略方案，的确使中国企业少走了很多弯路，是一种有效的战略管理方式。此时中国企业的战略管理逻辑是：战略分析—战略规划—战略执行。

当整个社会进入 VUCA 时代时，在企业所面临的内外部环境越来越动态变化、越来越不可预测、越来越复杂、越来越模糊的情况下，以预测和推论为基础的战略咨询方式越来越不奏效。传统的战略管理逻辑（战略分析—战略规划—战略执行）已经无法让企业在变化的环境中力挽狂澜、无往不胜，反而让很多企业因为灵活度的不足而失去机会，丢失战略关键期，甚至陷入战略被动状态。战略咨询方式遇到了以下三大挑战：

- **有效性低**。变幻莫测的环境使原有的战略规划不奏效，战略规划往往还没完全落地，市场环境就已经发生变化。
- **束之高阁**。自上而下的“战略规划+战略执行”逻辑，导致组织共识度和员工执行承诺度偏低，战略规划被制定后往往被束之高阁。
- **战略断层**。战略往往是组织少数高层、少数精英参与的事情，中基层员工不理解、不清楚、不关注，当然就会被动执行。

面对这些挑战，中国企业的战略管理正式进入第三阶段——战略共创阶段。

变幻莫测的环境要求企业具有更强大的战略管理能力、更灵活的战略调整能力、更敏捷的战略执行能力。在这个阶段，中国企业已经不再追求战略的精度和绝对的正确性，也无法容忍一个战略规划从环境分析到战略规划方案横跨一年甚至更长时间。我们对战略管理的要求产生了如下变化：

- 如何让战略不那么“重”，变得“轻”。
- 如何让战略制定不那么“慢”，变得“快”。
- 如何让战略离员工不那么“远”，变得“近”。
- 如何让战略制定过程不那么“繁”，变得“简”。
- 如何让战略制定从此不是“精算”导向，而是“迭代”导向。
- 如何让团队面对战略时，不是执行“你的战略”，而是开展“我们的战略”。

在这个阶段，战略管理逻辑变为：战略共识—战略共创—战略共行。中国企业领导者发现，战略共识比战略正确更加重要，因为在变化的市场环境中，没有绝对正确的战略，而好的战略恰恰是动态、迭代、团队共识的战略。他们也发现，战略共创比所谓的战略专家更重要，在充分的市场竞争环境中，没有任何一个专家会比组织管理者和一线骨干更熟悉公司的业务与环境，这时他们需要的是管理团队智慧的碰撞与策略的共创，而非外部专家的指点与建议。他们还发现，要应对市场变化，共同行动的重要性远远胜过战略方案的完整性，所以激发团队共同执行战略决策才是战略管理成败的关键环节。

战略共创的关键点在于，如何采用有效的方法和工具，带领企业的核心管理团队和部分骨干一起完成战略共创的过程。在解决企业所面临的战略规划、战略路径或战略解码难题的同时，让更多管理者卷入战略管理过程，让他们共同构建一致和系统的战略管理理念与架构。

在为中国企业开展战略服务的过程中，我们欣喜地发现了迈克尔·威尔金森先生的这套战略共创模型和战略引导工具。通过共创和引导技术，带领管理团队完成组织的动态战略规划、设计、解码、执行的战略管理逻辑，正是中国企业战略管理第三阶段所需要的。

在此将其呈现给中国的企业管理者，期望中国企业在战略管理方面灵活应对VUCA时代挑战的同时，掌握战略共创的方法与工具，培养具备战略共创能力的组织与管理团队，构建持续的生命力和创新能力，成就中国企业的世界高度。

石基延

2020年10月1日

前言

为什么选择本书

“最后一步真是太痛苦了。我们将大部分时间花费在争论定义上。什么是战略方向？什么是具体目标？使命和愿景之间有什么区别？真是浪费时间。”

“确实，规划是非常重要的。但是，我们太过纠结关键点，而没有抽出时间去考虑关键点之外的任何事情。”

“我们花了几个月的时间来整理一个详细的战略规划。当完成的时候，我把我的副本放在了那边的书架上。那已经是两年前的事了。你觉得从那之后我碰过它多少次？我甚至不记得那里面写的是什么。”

听起来很熟悉？本书就是为了解决与这些问题类似的问题的。太多时候，人们都感受到战略规划是一个浪费时间和精力的活动，过程痛苦，没有成果，并且和手头的问题不相干。在完成战略规划后，如果重新审视一下，人们常常会发现，该战略规划即便有所产出，也寥寥无几。

在本书中你会发现什么

- 你可以运用获得充分认可的关键步骤进行战略规划。
- 如何确定谁应该参与你的战略规划工作，以及在何种程度上参与。
- 应该收集哪些信息，从而使每个人都能从同一个起点开始。
- 参与者必须从对目前情况的审查中获得两个关键项目。

- 在大多数情况下帮助你的团队在 90 分钟内制定并通过一个使命陈述的成熟的技术。
- 如何让你的组织发现其宽泛的战略方向。
- 如何通过设定具体的、可量化的，并且对推动你的组织走向成功至关重要的目标来引导你的团队。
- 如何将列示在墙上的组织的价值观转变为员工每天所使用的工具。
- 如何确保团队的战略选择能够克服重重障碍，并为长期成功创造关键条件。
- 如何让你的战略规划工作的产出成为一个在全年中为了让你的团队进行有效决策而定期监控、调整和使用的行之有效的计划。
- ……

本书是关于驱动力模型的，涵盖了我和美国韬略公司在数百个组织（包括政府、非营利组织、协会和企业，涵盖了广泛的行业，包括软件和硬件公司、保险、公用事业、金融服务、医疗保健、教育、电气承包商、零售等）使用该模型的过程中所发现的秘诀。

该模型也被应用于部门规划、方案策划、项目规划和个别辅导。在个人应用方面，该模型已被用于职业规划、人生规划、家庭聚会计划，甚至青少年救助计划。

本书将为你做什么

编写本书的目的是为你（高管）提供一个工具，该工具能够帮助你运用战略方法为你的公司、政府机构、非营利组织、业务单位、部门或团队制定规划。本书提供了一个行之有效的框架，使用该框架可以使你的组织完成规划的制定和实施，无论该规划是整个组织的战略规划、所领导区域的部门规划、志愿者委员会规划，还是任何其他规划。

除了提供驱动力模型，告诉团队应该做什么，我还注重你在促成这件事情的过程中所发挥的作用。作为《引导的秘诀》的作者和美国最大的专业引导者提供商——美国韬略公司的总经理，我在本书中为你提供了我们与领导者在数百次的规划工作中所总结出的最佳实践经验。一些领导者一直比较专横和独断专行，不听取团队中其他人的意见，而另一些领导者在战略发展中一直表现被动，团队其他成员觉得战略发展这项活动并不值得他们全力投入。在本书中，我将明确在战略规划流程的每个阶段你所应发挥的最重要的作用。

在本书中，你将获得我们的许多战略规划经验，以及我们在小组引导方面的专业知识；你将看到常见的团队陷阱，以及如何避免它们；你将得到内部人士关于如何通过创建任务、设定可衡量的目标、决定优先顺序等的要点；你将学习到引导者已使用了 20 多年的成熟的技术。

本书的内容结构是怎样的

第 1 章介绍驱动力模型，之后各章将依次介绍驱动力模型各个组成部分，如下图所示。

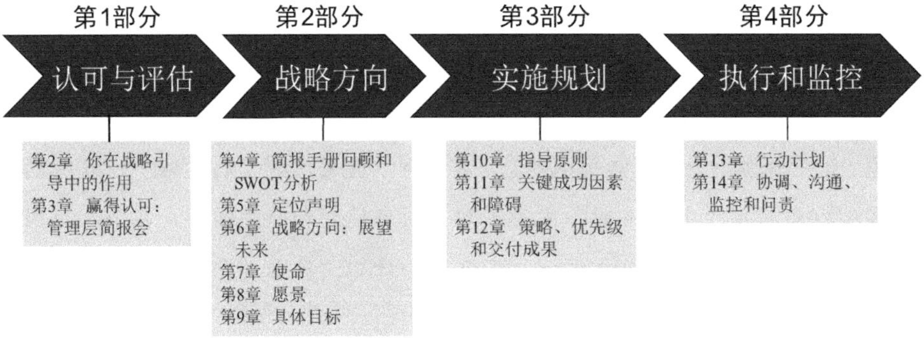

每章都包括在制定战略规划过程中可以马上用于引导团队的工具和信息。

每章有什么内容

- 一个供你快速浏览该章内容的综述。
- 突出关键战略秘诀的概述。
- 一个引导你的团队创建该章所含战略规划组件的循序渐进的流程。
- 所创建的产出示例，告诉你其他组织所做的事情，可以为你自己的策略提供参考。
- 确认你的团队完成高质量工作的清单。
- 对于你在团队成员制作该章战略组件的过程中所发挥的领导作用的具体描述。

如果类似于我过去合作过的领导者，你可能会发现这些产出示例和质量检查清单真的非常有用。

让我们来深入了解一下本书的四个部分和其他内容。

第1部分 认可与评估	• 在第1章对驱动力模型进行详细说明之后，第2章对你作为领导者在每个战略规划活动中的作用进行了概述。本章说明了在不压制团队成员表述自身想法的情况下，对如何呈现你的想法提出了具体建议。 • 在第3章中，你将了解达成一致从而启动规划流程的秘诀。你会发现，管理层简报会能够在让你的领导团队致力于规划和使用驱动力模型作为他们首选的规划流程方面成为一个关键工具。
第2部分 战略方向	• 我们将战略规划制定过程分为两个研讨会进行：战略方向和实施规划。第4～9章阐述了战略方向研讨会的每个组件的关键步骤。 • 在这些章中，你会看到你的团队如何从评估当前形势中提取关键学习点，编制使命陈述，发现战略方向，并创建SMART（具体的、可量化的、可实现的、相关的和有时限的）目标。
第3部分 实施规划	• 在第一个研讨会中设定了战略方向，而第二个研讨会的重点是如何实现这个方向。在第10～12章中，你会发现成熟的技术，用于识别障碍和关键成功因素，并制定克服障碍及创造团队实现战略方向所需的关键条件的策略。 • 你还将了解如何通过优先级排序来领导你的团队。
第4部分 执行和监控	• 本部分讨论了让你的战略规划得以实施的步骤，以及防止该规划成为放置在书架上的东西而非推动你的组织走向成功的工具的持续的监控流程。

	• 第 13 章介绍了如何领导员工审查和行动计划的编制及批准。 • 第 14 章让你了解校准和监控流程，包括月度检查、季度审查和年度更新会议。
专题：选择引导师	• 该专题为什么时候引进外部引导者、选择合适资源的关键问题，以及让引导者与你和你的团队携手合作所需采取的步骤等提供了指导。

驱动力模型和其他类型的规划

本书阐述了如何使用驱动力模型为不同规模的企业制定战略规划。驱动力模型也适用于很多不同类型的规划，包括部门规划、方案规划、项目规划、团队规划、职业规划等。你会发现，如果你所在的地方和你想去的地方之间有差距，那么驱动力模型可以为你提供缩小差距所需的工具。

…

“facilitation”（引导）源于拉丁语“facil”，意味着“使……变得容易”。我希望本书真的会使你的下一个规划工作变得容易。

迈克尔 · 威尔金森

想象一下……

你是会议策划师协会的执行董事。

- 协会的会员规模在过去的三年一直停滞在500人左右。
- 会议出席率出现下降趋势。
- 让志愿者承担领导岗位也变得很难。
- 由于资源减少，你不得不拿出储备资金维持协会的运营，甚至社区活动的参与率也在下降。

你清楚需要一些新资源、新视野和新方向来使组织重新恢复元气。

如果通过一系列战略引导会议，你的策划团队可以创建一个如接下来的几页内容所显示的路线图，定义新的愿景、可量化的目标、具体的策略和行动计划，那么会带来多大帮助？

浏览下一页内容所述的规划！

会议策划师协会

你的规划不应该这样清晰吗？

第8章

愿景
我们期待的未来成功画面

成为会议策划师的聚集之所

第7章

使命
我们做什么、为谁做、有什么好处

为进一步推动会议行业的发展和专业化提供一个平台

第10章

指导原则
为组织如何运作设定基本准则

- 我们相信教育是我们的根本关注点，因此我们会为会员提供提升行业技能的学习项目
- 我们相信帮助本地社区是我们的责任，因此我们会对社区积极投入时间与资源
- 我们相信必须为会议策划师提供满意的平台，因此我们会在策划师和供应商之间实行平衡的会员政策

第6章

战略方向：展望未来 明确使命完成情况的宽泛目标	
A. 教育	为我们的会员提供教育机会，提高他们的专业化水平，并让他们及时了解行业的最新发展趋势
B. 关系网络	为同伴的创意和观点的分享提供合适氛围
C. 会员	最大限度地提高会员的增长率、留存率和参与度
D. 组织	维持充足的资金和组织资源，为各项计划提供支持
E. 社区外展服务	提供资金和服务来支持当地社区的发展，并提供组织认可的手段

战略规划20××—20××年

第6章

战略方向：展望未来

具体目标

第9章

A. 教育

		基线	第一年	第三年
1	增加协会会员中经认证的会议专业人员的数量	43	55	90
2	实现教育项目的总参与人数的目标	192	220	300
3	在调查结果中，受访者对协会提供给会员的提高专业化水平和及时了解行业的最新发展趋势的机会的满意度达到目标	不适用	60%	80%

B. 关系网络

		基线	第一年	第三年
1	实现季度联谊活动参与者的平均人数目标	76	90	120
2	实现月度会议参与者的平均人数目标	175	200	250
3	在调查结果中，受访者对协会提供给会员进行社交和与同行间交流机会的满意度达到目标	不适用	60%	80%

C. 会员

		基线	第一年	第三年
1	增加会员数量	500	550	650
2	实现年度会员留存率目标	65%	70%	75%
3	增加每次会议的平均出席人数	175	200	250
4	以参与率达到至少50%的官方委员会会议/活动为衡量标准，实现会员积极参与委员会的百分比目标	5%	7%	10%

D. 组织

		基线	第一年	第三年
1	按每年最后一个季度的最低日资金结余进行衡量，确保资金储备达到目标	年度预算的15%	年度预算的22%	年度预算的40%
2	按年度预算完成百分比进行衡量，将工作人员和承包商费用保持在目标范围内	9%	8%~10%	8%~10%
3	实现每年每次开放式办公的合格候选人的平均数量	1.3	1.5	2.0

E. 社区外展服务

		基线	第一年	第三年
1	实现慈善资金筹款目标	105 000美元	115 000美元	140 000美元
2	实现参加至少一个社区活动的会员的数量目标	72	90	120

关键成功因素和障碍 第11章

（关键成功因素）

策略、优先级和交付成果 第12章

关键成功因素和障碍		策略、优先级和交付成果	
关键成功因素	• 对会议策划师好处的充分理解 • 对教育项目充分感知到高价值	A1	举办年度会员需求评估大会，以确定专业发展需求和项目主题
		A2	每季度召集研究小组和导师开会，为认证会议策划师做准备
障碍	• 缺乏对会员专业发展需求的理解	A3	每季度举办为期一天或多天的教育活动，以与解决需求评估结果相一致
		A4	通过提升会员战略意识，提高人们对项目和认证的利益认知度
关键成功因素	• 感知协会的交流活动和月度会议具有较高价值 • 活动频率与会员需求相一致	B1	通过提升会员的战略意识，增加会员对交流活动的参与率
		B2	举办季度交流活动，基于年度会员需求评估信息进行调整，提供交流机会
障碍	• 就如何让参与者在所有的活动中最大程度地进行交流，所有委员会主席缺乏认识	B3	就如何将活动中的互动最大化，向教育和会员资格委员会提供建议
关键成功因素	• 能带来及时、实质性话题的有活力的演讲者，以增加会议出勤率 • 会议策划师对协会及其吸引会员的益处有高度认知	C1	利用评估调查和行业推荐来选择优秀的发言人与主题
		C2	举办月度会员会议，为会员提供教育和交流的机会
		C3	修订新的会员注册流程来了解会员所期待的委员会
障碍	• 让新会员参与的过程不足，导致新会员的留存率低	C4	在会议后举办季度委员会交流会，增加会员参与率
		C5	实施公关活动，向当地媒体报告活动情况，增加协会的知名度
关键成功因素	• 董事会承诺创建储备和实施审慎理财 • 大量会员希望担任领导职务	D1	创建并实施储备报告并将其作为月度预算报告的一部分，以提高对储备状况的认知
		D2	为所有新的领导者提供半天的强制性预算培训
障碍	• 领导人员对预算流程缺乏理解	D3	成立领导力发展委员会，以制定并执行一个招募领导职位和培养正式会员的项目
关键成功因素	• 感知协会的社区外展活动具有较高价值	E1	通过提升会员的战略意识，提高社区外展活动的参与率
障碍	• 会员对慈善需求与我们能够产生的影响具有较低的认知	E2	举办季度社区外展活动，为会员提供服务社区的机会，同时结识本行业的人

第5章

定位声明

我们将如何取胜：组织的方向和重点

我们相信，缩减预算和裁员制度营造了一种氛围：只要策划师能够得到直接的、有形的回报，他们就愿意投入时间和金钱。因此，我们必须将项目的重点放在投资回报最大化上，并投资于市场营销，增加协会对目标受众的好处

第12章

负责人		优先级策略	交付成果
评估主席	A1	举办年度会员需求评估大会，以确定专业发展需求和项目主题	• 需求评估报告 • 建议
认证主席	A2	每季度召集研究小组和导师开会，为认证会议策划师做准备	• 研究小组会议 • 指派导师
教育部副总裁	A3	每季度举办为期一天或多天的教育活动，以与解决需求评估结果相一致	• 教育活动 • 出席率和满意度报告
市场部副总裁	A4 B1 E1	与推荐会员一起实施提升战略意识策略，以提高人们对计划、认证、交流和社区活动的利益认知度	• 执行认知度计划推荐会员
社交部主席	B2	举办季度交流活动，基于年度会员需求评估信息进行调整，提供交流机会	• 交流活动 • 出席率和满意度报告
会议执行总监	C1 C2	举办月度会员会议，为会员提供教育和交流的机会，根据评估调查的用途和行业咨询，挑选优秀的发言人和主题	• 推荐的主题 • 月度会议 • 出席率和满意度报告
市场部副总裁	C5	实施公关活动，向当地媒体报告活动情况，增加协会的知名度	• 公关策略和报告
任命主席	D3	成立领导力发展委员会，以制定并执行一个招募领导职位和培养正式会员的项目	• 领导力发展规划 • 执行的项目 • 合格候选人清单
社区主席	E2	举办季度社区外展活动，为会员提供服务社区的机会，同时结识本行业的人	• 季度活动 • 出席率和满意度报告

第14章

时间	协调、沟通、监控和问责
月度	我们是否正在按照计划实施？ 策略领导者将更新其行动计划状态，以确保我们正在做我们说过的要做的事情。总体计划协调员将向规划团队的所有成员分发一份绩效报告
季度	我们是否正在实现既定的成果？ 规划团队将开会审查策略状态和具体目标进展情况。规划团队将决定停止或者继续哪些目前的策略以及启动哪些新的策略。规划团队将基于问题和优先顺序调整具体目标
年度	我们应该对计划做出哪些改变？ 规划团队将开会审查年度进展情况，确定新的障碍和关键成功因素，更改具体目标，并重新确定优先事项和行动计划

第13章

行动计划范本
（1/9页）

策略	C5　实施公关活动，向当地媒体报告活动情况

支持的具体目标	会员：1. 增加会员数量 会员：2. 增加月度会议的平均出席率
负责人	市场部副总裁
交付成果	公关策略和报告

截止日期	2月1日/第二年	人/天	27	总成本	2 500 美元

行动计划	负责人	截止日期	人/天	费用
1. 组建新的公关委员会	执委会	2月1日	1	
2. 制定公关策略	公关部	3月1日	3	
3. 制订促销计划	公关部	3月15日	3	
4. 向董事会汇报	公关部	4月15日	1	
5. 实施促销计划	公关部	5月1日	15	2 500 美元
6. 评估促销效果	公关部	6月1日	2	
7. 编制公关结果报告	公关部	2月1日/第二年	2	

目录

第 1 章
驱动力模型

- 问题
- 驱动力模型：实现卓越规划的一个工具
- 战略文件
- 监控
- 驱动力模型的交付成果
- 执行驱动力模型：多长时间
- 下一步是什么

我相信这是本书中最重要的一章，请不要跳过。

作为一名专业引导者，我引导过数百次规划会议。在这段时间内，只有三个，我希望我能重新来过。在其中的一个会议上，我允许首席执行官跳过对驱动力模型的介绍并在之后进行了一个简短的介绍，真是大错特错！因为他从来没有完全理解规划流程，他一直在更改由他的团队做出的流程，以使其更符合他所熟悉的内容，而不是使用他的团队应该采用的内容。这对于很多团队成员来说是令人沮丧的。然而，我是导致该次会议失败的主要责任人，因为当团队对规划模型进行回顾和做出决定时，我没有坚持让该首席执行官待在房间里。

不要对你的团队这样做。本章的目的是为你提供驱动力模型的一个完整概述，让你完全具备基本的认识来引导你的团队前进。因此，这是本书最长的一章，也是最重要的一章。

问题

在制定战略时，一个关键步骤是确保你和你的团队对战略语言有一个共同的理解，并且有一个帮助你走完整个战略制定过程的可靠的流程。及早确定语言和流程，从而避免因缺乏一个商定的办法和明确的定义而导致混乱、辩论、浪费时间，这是非常重要的。

驱动力模型是我 20 多年来一直使用的一个工具，它为我引导组织完成战略规划、项目规划、方案规划和许多其他规划活动提供了一个强大而简单的方法。驱动力模型适用于任何组织。

当第一次将驱动力模型介绍给一个团队时，我发现我可以通过先讲述几个强调基本概念的简单的日常例子，来最大限度地获得他们对该流程的认可。因此，在本章中，我首先使用一个可能涉及的例子（我与我的妻子打算购买房子）来介绍驱动力模型。在本章的后面，我将着重讲述驱动力模型产出的书面形式。

问题 1：我们现在在哪儿

驱动力模型侧重于四个核心战略问题，首先是“我们现在在哪儿”。于是，在购买房子这个例子中，我的妻子和我会开始分析我们现在住的房子的优势与劣势，如下表所示。

优　　势	劣　　势
• 邻里环境不错 • 它有一个很大的阁楼 • 它是租来的，所以我们可以更容易地做出改变	• 地板已经翘起 • 油漆在从石膏上剥落 • 屋顶漏雨 • 没有足够的空间

问题 2：我们想要去哪儿

了解你在哪儿后，下一步就要了解你想要去哪儿。在此步骤中，你需要创建未来愿景。那么，家人和我想要去哪儿呢？

我们的愿景

- 我的妻子成长在一个只有一个浴室的七口之家。可想而知，她提出的第一个要求就是："至少有三个浴室。"
- 接下来轮到我了，"我希望在房子里有一个自己的办公室，注意这是我'个（私）人'的，它不必兼作客人卧室，它也不必在下雨天变成孩子们玩耍的地方，它必须是我自己（私人）的办公室"。
- 那么孩子们想要什么？他们想要一个比车库还宽敞的游戏室。

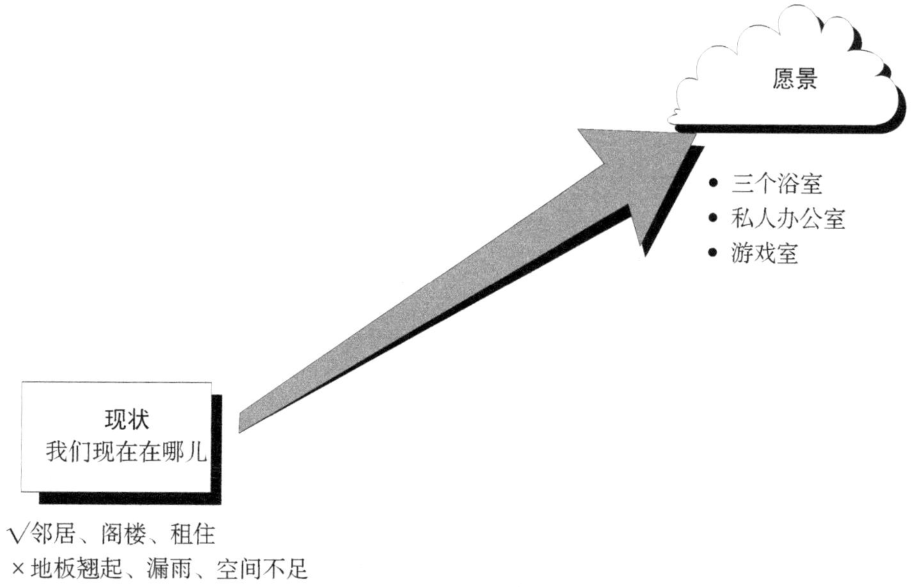

问题 3：我们如何到达那里

在确定愿景之后，你就可以开始确定你的驱动力了——你将采取的推动你成功的行动。你的驱动力必须解决两件重要的事情。首先，你处于现在的状态是因为在你的现状和你的愿景之间存在一些障碍。你的驱动力必须突破这些障碍。

对我们来说，障碍非常艰巨。我们觉得我们要买的房子的价格大约是 30 万美元。作为首次购房者，我们能申请到不足 5%或 15 000 美元的特别贷款。我们这一生的储蓄从没超过 5 000 美元。这样看来，这 15 000 美元是我们实现愿景的主要障碍。我们可以构想我们想要的房子，我们可以在报纸上搜寻，我们甚至可以找到它并去拜访业主。然而，在克服这 15 000 美元的障碍之前，我们有可能永远得不到这个房子。

对我们来说，第二个障碍是关于负债股权比率。我们必须有很好的信誉，才会有人借给我们所需的钱。而我们的信用卡债务本就很高，现在正在变得更高——这绝对是另一个障碍。

在克服障碍的同时，驱动力还必须解决关键成功因素。驱动力模型将关键成功因素定义为实现愿景所必须创建的关键条件。我喜欢把关键成功因素比作推动驱动力火箭飞向愿景的燃料。在确定关键成功因素之后，如果你克服障碍，并创造了关键条件，你就会实现你的愿景。对于我和我的妻子，一个关键条件是我们必须找到这样一套房子：房主想卖掉它，它的特征满足我们的要求，它所在的环境是我们喜欢的，它的价格是我们可以接受的。本质上，如果我们已经克服了这两个障碍（首付和较高的信用卡债务），但没有创造关键条件（找到一套合适的房子），我们就不会取得成功。

在确定障碍和关键成功因素后，我们现在可以把重点放在驱动力上。我们要做些什么来克服这些障碍并创造条件？

我们的障碍/关键成功因素	我们的驱动力
15 000 美元的首付	• 实施一个储蓄计划，目标是每月节约 300 美元（例如，尽量减少外出就餐，限制不必要的开支） • 在周末做兼职工作，这样我们可以每个月额外赚到 300 美元
较高的信用卡债务	• 注销信用卡，每月偿还债务
找到一套合适的房子	• 雇用一个房地产经纪人，并计划每月看八套房子

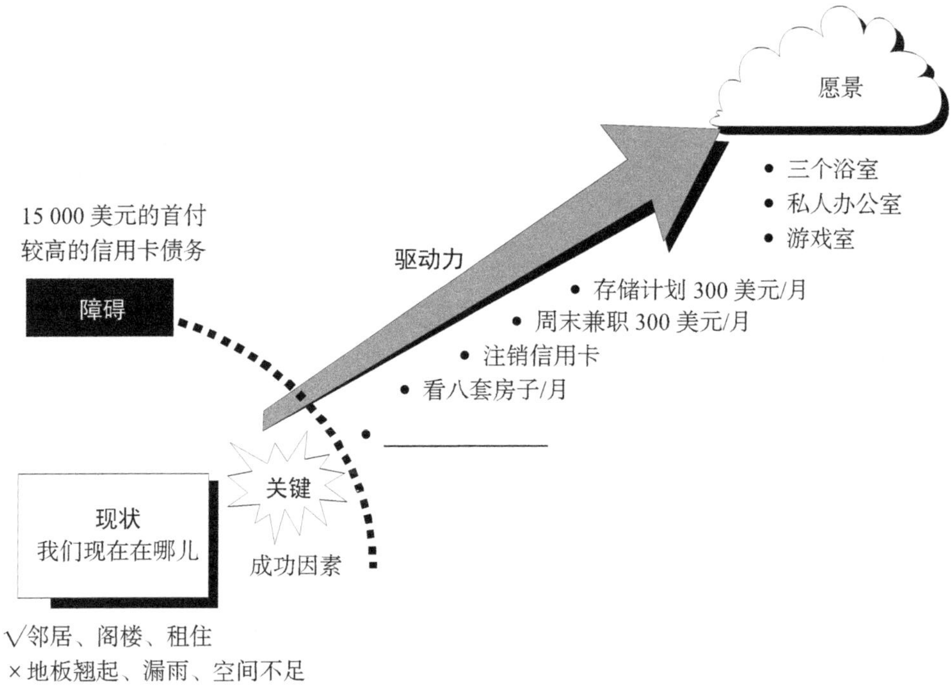

问题 4：我们将如何监控我们的进展

还有一个我们必须实施到位的驱动力，该驱动力比其他任何驱动力更为重要。这就是监控驱动力。监控驱动力的目的是跟踪所有其他驱动力的进展情况。我们再回到买房子的例子。我们会在每个月第一个星期天的下午 6 点进行监控。那时，我们会停下手中所有的活，问自己一些问题。

- 我们这个月存了多少钱？我们存了 350 美元。很好！
- 我们通过兼职赚了多少钱？赚了 300 美元。这真是太好了！
- 我们的信用卡债务怎么样了？下降了 10%。太棒了！
- 我们已经看了多少套房子？五套。为什么只有五套？这是怎么回事？房地产经纪人没有空，有时不回我们的电话。你会想到，我们需要找一个新的房地产经纪人。我们有一个计划，他却成了阻碍！

监控对于确保你进展正常是至关重要的，当在过程中发现新信息、遇到新的障碍或识别其他关键成功因素时你能够及时进行调整。更重要的是，监控可以使你一直保持动机并激励你。通常情况下，从现状到你想要到达的地方，需要相当大的努力。监控流程有助于你一直看到你的愿景，可以给你实现驱动力所需的持续动力。

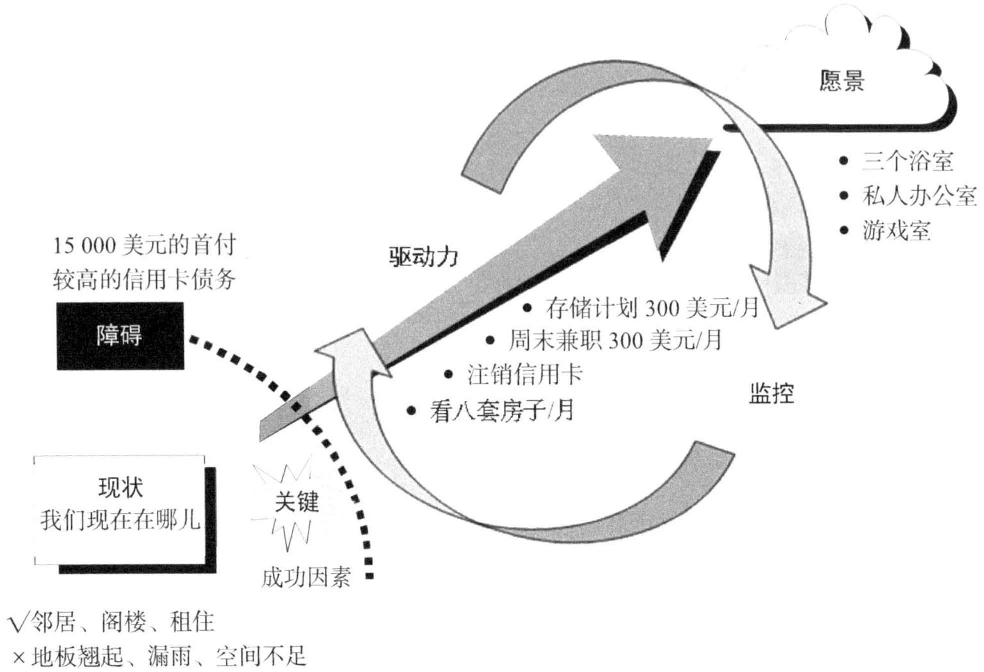

驱动力模型：实现卓越规划的一个工具

驱动力模型涵盖卓越规划任何活动的七个关键原则。下面让我们逐个进行分析。

卓越规划的七个原则

1. 明确目标。
2. 从准确评估现状入手。
3. 创建一个共享成功的愿景。
4. 确定关键成功因素和障碍。
5. 明确驱动力：你的策略和优先事项。
6. 监控和报告结果。
7. 用奖惩来建立问责。

1．明确目标。

对于任何活动，从目标入手：我们为什么这样做？在买房子的例子中，我们的目标是找到一套更适合我们居住的房子。目标总是回答了这个问题："为什么？"

2．从准确评估现状入手。

你应该从准确评估现状入手。为什么这很重要？因为你有可能误以为你已经克服了某种障碍，而事实上，你并没有。

也许我们可以举个例子更形象地说明准确评估现状的重要性。例如，你想开车从美国东南部的亚特兰大到西海岸的洛杉矶。你要驱车向西才能到达那儿。但是如果你感觉你是在亚特兰大，但是实际上你已经在美国西海岸西雅图之外的地方。如果你向西开会怎么样？最后也许你会迷失，而这很可能并不在你的愿景里。所以，你可以创建一个你想要到达的引人注目的愿景。然而，如果不清楚自己的现状，你最终可能会认为你没有遇到某些障碍。结果，你可能错误行事，得不到你想要的结果。因此，第二个原则是，你必须从准确评估现状入手。

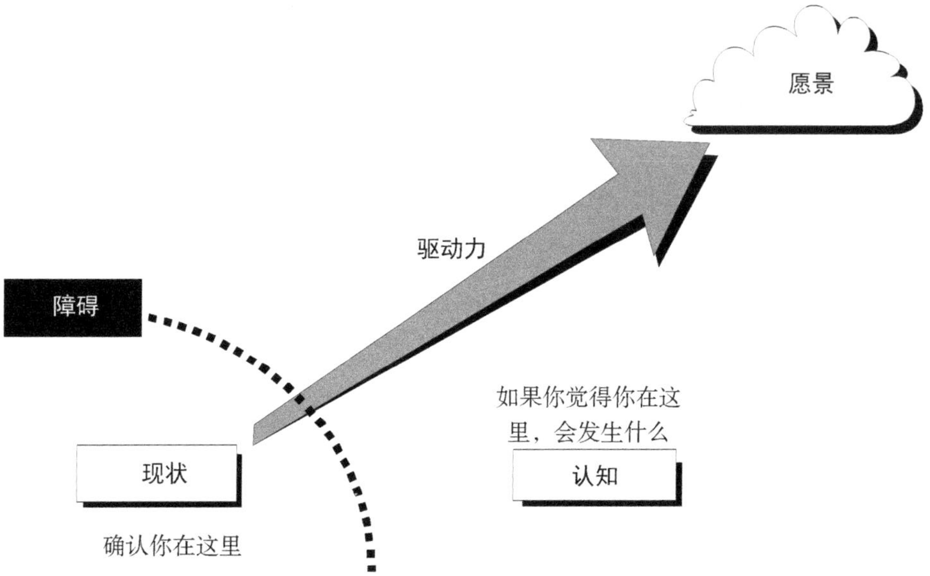

3．创建一个共享成功的愿景。

在对现状进行准确评估之后，你要创建一个共享的愿景——不仅是一个愿景，还是一个共享成功的愿景。你可以想象，如果我和我的妻子在想买的房子类型上有不同的愿景，将会发生什么。（对，正确——我们最后会买我妻子想要的房子！）但你能想象接下来会有怎样的冲突和争吵吗？因为我们想要的东西不同，就会朝不同的方向努力，我们要做的很多决定的方式就会产生到底谁的愿景占上风的无休止的争议。但是，如果我们提前创建了一个共享的愿景，那么我们只会有一次“战争”。一旦确立了共享的愿景，我们就能够共同做出符合这个愿景的决定。

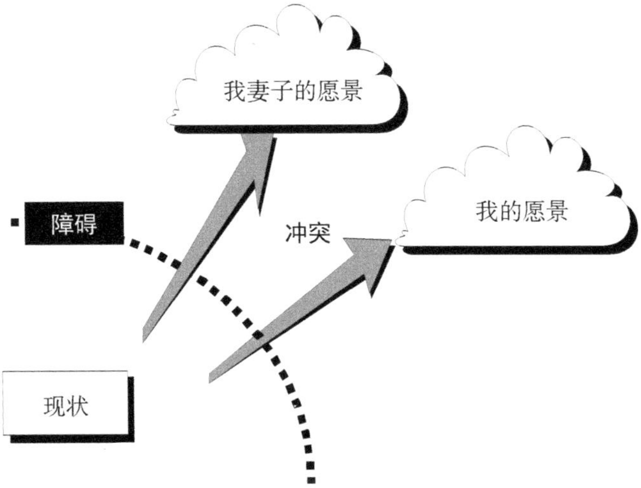

在许多组织中，每个人对组织的发展方向都有不同的愿景。可以想象，当各个部门方向不一致时，将造成什么样的混乱局面。有时，这些不同的方向是相互排斥的——如果一个成功，则其他会失败。真是浪费——所有这些都是缺乏一个共享的愿景造成的。

4．确定关键成功因素和障碍。

确定共享的愿景之后，第四个原则是你需要确定实现愿景的主要障碍。问问自己：“为什么我们还没有实现我们的愿景？是什么阻碍了我们？是什么让我们仍停留在现在的状态？”

接下来，你还必须找出你的关键成功因素。使你实现愿景的成功因素是什么？哪些关键条件必须创建出来，才能推动愿景的实现？

5. 明确驱动力：你的策略和优先事项。

确定障碍和关键成功因素后，第五个原则是明确驱动力。哪些关键策略将帮助我们实现目标？请记住，这些策略必须扫除这些障碍并满足成功关键因素。

6. 监控和报告结果。

根据第六个原则，你必须监控你的进展，保证它跟上了进度，而且要时刻激励自己实现自身愿景。

7. 用奖惩来建立问责。

最后，一定要用奖惩来建立问责。即使有监控流程，但如果没有正式的问责，人们很快就会知道他们对驱动力的关注不是必需的。

战略文件

现在我们已经了解驱动力模型的概念，接下来我们着重了解驱动力模型所产生的主要文件。下一页的图显示了布局格式的驱动力模型，我们称之为战略文件。

在此布局中，我们再次使用了一个简单的例子。该图显示了会议策划组织（由规划和协调商务会议的人员组成的一个协会）的战略规划摘录。该协会的会员为会议规划者，同时也是会议行业的供应商。我们将介绍该战略文件的每个组件，着重介绍驱动力模型的各部分是如何结合在一起的。

使命

	定　义	例　子
使命	对组织整体目标的陈述，描述做什么、为谁做和有什么好处	为进一步推动会议行业发展和专业化提供一个平台

战略规划文件示例摘录

愿景

成为会议策划师的聚集之所

使命

为深化会议行业的发展和专业化提供平台，保证平台的卓越品质和高道德标准，并通过采取促进教育、社区参与和各方合作的方式来完成这一任务

指导原则

我们相信教育是我们的根本关点，因此我们会为会员提供提升行业技能的学习项目

我们相信帮助本地社区是我们的责任，因此我们会对社区积极投入时间与资源

我们相信必须为会议策划师提供满意的平台，因此我们会在策划师和供应商之间实行平衡的会员政策

战略方向

教育
为我们的会员提供教育机会，提高他们的专业化水平，并让他们及时了解行业的最新发展趋势

社区外展服务
提供资金和服务来支持当地社区的发展，并提供组织认可的手段

会员
最大限度地提高会员的增长率、留存率和参与度

组织
维持充足的资金和组织资源，为各项计划提供支持

关系网络
为同伴的创意和观点的分享提供合适氛围

关键成功因素

- 每一个分享者必须分享关于符合时代的、重要的主题，来提高会议参与度
- 会议策划师要高度重视联系来吸引新的会员

具体目标

- 将会员数量从 500 人增至 650 人
- 每次会议的平均出席人数从 175 人增至 250 人
- 实现有 10%的委员会会员参与的目标

策略

- 利用评估调查和行业推荐来选择优秀的发言人与主题
- 修订会员注册流程来了解会员所期待的委员会
- 在会议后举办季度委员会交流会
- 向委员会主席分发新会员名单
- 实施公关活动，向当地媒体报告活动情况

障碍

- 缺乏让新会员参与的活动（流程），导致新会员的留存率低
- 会员的高流动率阻碍了协会的持续发展

行动计划

- 组建新的公关委员会（执委会，2 月 1 日）
- 制定公关策略（公关部，3 月 1 日）
- 制订促销计划（公关部，3 月 15 日）
- 向董事会汇报（董事长，4 月 15 日）
- 实施促销计划（公关部，5 月 1 日）
- 评估促销效果（公关部，6 月 1 日）
- 编制公关结果报告（公关部，2 月 1 日/第二年）

定位声明

我们相信，缩减预算和裁员制度营造了一种氛围：只要策划师能够得到直接的、有形的回报，他们就愿意投入时间和金钱。因此，我们必须将项目的重点放在投资回报最大化上，并投资于市场营销，增加协会对目标受众的好处

在驱动力模型中，使命陈述回答了三个简单的问题：（1）做什么？（2）为谁做？（3）有什么好处？会议策划师协会的使命陈述为阐释使命陈述如何简洁地回答这三个问题提供了一个很好的例子。

- 做什么？提供一个平台。
- 为谁做？会议行业。
- 有什么好处？推动发展和专业化。

那么，他们的使命陈述是什么？为进一步推动会议行业发展和专业化提供一个平台。该陈述是简单的、简洁的、有意义的、令人难忘的。

愿景

现在，我们对比一下使命陈述和愿景陈述之间的区别。

	定　义	例　子
愿景	理想的未来图景——描述了如果企业能够成功实现其使命，未来会是什么样子	会议策划师的聚集之所

使命解释了企业的整体目标：做什么，为谁做，以及有什么好处。而愿景是理想的未来图景。愿景陈述回答了这个问题："如果企业能够成功实现其使命，未来会是什么样子？"

回到我们的会议策划师协会，该协会是会议规划者为人们寻找会面的地方。如果该协会通过提供一个进一步深化会议行业发展和专业化的平台，履行了使命，它就会成为会议规划者会面的地方。

美国疾病控制与预防中心是美国一个政府健康机构，为使命和愿景之间的区别提供了另一个很好的例子。该中心的使命陈述最近进行了变更，变更前的内容是：通过预防和控制疾病、伤残来提升人们的健康与生活质量。所以，如果美国疾病控制与预防中心完成了该使命，那么未来会是什么样子？健康世界，健康人口——该中心以前的愿景声明。

指导原则

	定　义	例　子
指导原则	为组织经营奠定基础的一般性指导方针	我们相信，我们必须始终为会议策划师提供一个满意的平台。因此，我们将在策划师和供应商之间实行平衡的会员政策

指导原则是界定组织如何运营的总体准则。在驱动力模型中，指导原则不同于价值观。《韦氏词典》将价值观定义为“一个被认为有价值的或可取的原则、标准或品质”。在组织中，价值观在确定组织的特点和文化方面发挥着重要作用。价值观也可以提供一个组织建立的基础。

当组织明确自己的价值观时，经常会听到类似下面的语句：

- 我们专注于客户。
- 我们尊重个人。
- 诚信是必不可少的。
- 我们的员工是我们最重要的资源。

而类似这样的价值观是很重要的，组织使用驱动力模型将其价值观转化为指导原则，从而获得更大的利益。指导原则明确了价值观并描述了该组织认为支持该价值观的行为。为了确保你同时专注于价值观和行为，驱动力模型在指导原则中使用了如下格式：“我们相信……（价值观）。因此，我们将……（行为）”

会议策划师协会的例子很好地说明了价值观与行为的关系。我们相信，我们必须始终为会议策划师提供一个满意的平台。因此，我们将在策划师和供应商之间实行平衡的会员政策。回想一下，该协会的会员不仅是策划会议的人，同时也是该行业的供应商，如度假村、豪华轿车公司、音像公司。供应商将会议策划师视为他们的客户，难道你不想参与聚集了你所有客户的活动？不过，该协会担心，如果协会中的供应商人数过多，就会造成比例失衡。所以，根据这个指导原则，他们实施了防止这一担忧发生的政策。例如，他们的政策之一是，当一个供应商加入时，同时必须有一个策划师加入。

定位声明

	定　义	例　子
定位声明	关于组织机构的方向和重心的总体决定	我们相信，缩减预算和裁员制度营造了一种氛围：只要策划师能够得到直接的、有形的回报，他们就愿意投入时间和金钱。因此，我们必须将项目的重点放在投资回报最大化上，并投资于市场营销，增加协会对目标受众的好处

定位声明为组织设定了大方向。定位声明是对组织现状的回应，并明确了该组织将如何取得成功；也就是说，该组织必须知道如何摆正自己的位置，对当前情况成功地做出反应。定位声明有一个特定的格式："我们相信……（当前情况）。因此，我们必须……（应对策略）" 定位声明的应对策略通常是后来出现在战略规划的战略部分。

战略方向

	定　义	例　子
战略方向	界定使命完成情况的宽泛的、长期的目标	最大限度地提高会员的增长率、留存率和参与度

驱动力模型将战略方向定义为界定使命完成情况的宽泛的、长期的目标。如果审视全部战略文件，你就会看到，会议策划组织意识到，为实现其使命要在五个方面取得成功：教育、组织、会员、社区外展服务和关系网络。

看看会员战略方向的措辞：最大限度地提高会员的增长率、留存率和参与度。当然，许多会员制组织将以此为战略方向。因此，战略方向是非常宽泛的语句。但是，这些语句定义该组织必须成功履行其使命的五个方面的关键是什么。

在驱动力模型中，战略方向是长期的、不会轻易改变的。所以，要使用宽泛的长期的术语来编写战略方向。战略方向不会以类似"建立、确立或制定"这样的动词开头。因为这些都是限定动词。一旦建立、确立或制定了某样东西，就表示战略方向已经完成。在驱动力模型中，战略方向是长期的目标，因此，战略方向应该以非限定动词（暗示"永无止境"的动词）开头，如提供、促进、最大化和保持。

每个战略方向都跟随着成功措施，在驱动力模型中这些措施被称为具体目标。

具体目标

	定　义	例　子
具体目标	具体的、可量化的、可实现的指标，用于衡量一段时间内战略方向的达成情况	到第三年，将每次会议的平均出席人数从 175 人增至 250 人

战略方向是宽泛的目标，而具体目标是明确战略方向达成情况的具体的、可量化的指标。回到示例，会议策划师协会的一个目标是最大限度地提高会员的增长率、留存率和参与度。该组织确定了四个关键目标来衡量三年时间内战略方向的达成情况。他们是如何确定具体目标的？他们通过以下关注战略方向的措辞来完成这一点。

会员战略方向	最大限度地提高会员的增长率、留存率和参与度。

通过分解战略方向的措辞，团队能够确定关键衡量指标是什么。

分解战略方向的措辞来确定关键衡量指标	• 增长率最大化。在年底，我们如何知道我们是否已将增长率最大化？（关键衡量指标：会员数量） • 留存率最大化。在年底，我们如何知道我们是否已将留存率最大化？（关键衡量指标：上一年留存下来的会员数量） • 参与度最大化。在年底，我们如何知道我们是否已将参与度最大化？（关键衡量指标：参与会议的人数、参与协会的会员数量）

根据这些关键衡量指标，产生了以下具体目标：

会员具体目标	• 将会员数量从 500 人增至 650 人。 • 年度会员留存率达到上一年度会员数量的 75%。 • 每次会议的平均出席人数从 175 人增至 250 人。 • 实现有 10%的协会会员参与的目标。

需要注意的是，在示例中，由于空间限制，我们只显示了会员的具体目标。你可以想象，五个战略方向中的每一个都有与之相关的具体目标。

关键是每个具体目标是根据战略方向的措辞专门选择的，因为它衡量战略方向的达成情况。当然，这意味着在描述战略方向时你必须谨慎措辞，否则，你可能正在衡量错误的具体目标！

▶ 战略方向和具体目标之间的区别

那么，战略方向和具体目标之间有什么区别？战略方向是宽泛的，而具体目标是要达成具体的、可量化的目标，两者缺一不可。为什么？假设你只有战略方向（宽泛目标），而没有具体目标（明确战略方向达成情况的具体的、可量化的目标），到年底，你怎么知道你是否已经成功？假设会议策划师协会仅有会员增长率最大化的战略方向，但没有具体目标，会怎么样呢？第一年结束时，他们会问自己："我们有最大限度地实现会员增长吗？"他们可以回答"是的"。但他们是如何知道的？如果没有明确的可量化的目标，他们最好的回答可能是："能非常肯定地感觉到我们已将会员增长率最大化。我们做了很多工作，我们确实得到了一些新成员。所以，是的，我们实现了会员增长率最大化。"然而，因为没有明确的目标，所以你真的无法确信。

如果具体目标是如此重要，那么为什么不只设定具体目标？你并不真正需要战略方向，是这样吗？不，你当然需要。如果会议策划师设定了将会员数量增加到 650 人，达到了 250 人的平均参与率等具体目标，那会怎么样？然后，在接下来的一年，他们将目标设定为在邻近城市设立分支，然后次年将目标设定为与其他相关协会共同举办至少三次活动，诸如此类。只设定具体目标会出现的问题是：你不停地设定目标，但目标的终点是什么？这些目标的最终目的是什么？你想要达成什么？你的目标覆盖了所有对你而言重要的方面吗？

这就是战略方向的目的。战略方向告诉你什么对你是重要的。**战略方向告诉你，你需要在哪些区域设定具体目标。**要认识到，战略方向中的各个具体目标只是告诉你，你要在给定的时间点到达哪里，这是很重要的。

顺便说一句，无论你将这些组件称为什么都无所谓。驱动力模型将其称为战略方向和具体目标；你可以将这些名字倒过来，可以将其称为关键绩效领域和关键绩效指标，或战略意图和战略成果。关键是，它们缺一不可：宽泛的目标和为一个特定时间段所设定的具体的、可量化的目标。

结果与活动

对于具体目标，还需了解另外一个关键点：具体目标衡量结果，而非活动。再回过头来看看这个组织对会员方面所设定的目标。请注意一下这样的具体目标——举办两次会员招募活动。这个具体目标有什么不当之处？我们通过 SMART 原则对该具体目标进行评估，这一方法通常用来确保具体目标是合适的。

这一具体目标是否符合 SMART 原则	举办两次会员招募活动。 • 它是不是具体的？是的，它是指会员招募活动。 • 它是可量化的吗？是的，我们想要举办两次。 • 它是可实现的吗？大概在三年内我们可以举办两次会员招募活动。 • 它是相关的吗？是的，大概在三年内我们可以举办两次会员招募活动。 • 它是有时限的吗？是的，它是一项为期三年的目标。

该具体目标符合 SMART 原则。那么，该具体目标有什么问题？该具体目标有一个很大的问题，驱动力模型可以通过使用对 SMART 原则中“R”的不同定义来防止该问题。如上所述，“R”代表“相关的”，在许多方面与代表“可实现的”的“A”重叠。在驱动力模型中，“R”代表“相关的”。那么问题就变成：“该具体目标是不是战略方向的相关衡量指标？”

要回答这个问题，我们必须注意战略方向的措辞。

- 增长率最大化。该具体目标是否衡量了增长率？否。
- 留存率最大化。该具体目标是否衡量了留存率？否。
- 参与度最大化。该具体目标是否衡量了参与度？否。

本质上，该具体目标没有衡量战略方向。事实上，该具体目标是在衡量活动，而不是结果。举办两次会员招募活动是一个提高会员增长率的活动，而不是衡量你是否实现了会员增长的相关衡量指标。

衡量活动而不是结果的这一问题在公司、政府和非营利组织中是比较常见的。更糟糕的是，例如，我们举办了两次会员招募活动但没有招到任何新会员。年末，我们会庆祝自己完成这项具体目标，但是我们没有实现会员增长率最大化的战略方向。制定衡量行动而非聚焦结果的具体目标是非常危险的。如果我们不去衡量结果，而是卷入各种活动当中，我们就会忽视战略方向。因此，当制定具体目标的时候一定要避免去量化行为（如举办两次会员招募活动），而是要聚焦那些我们要真正实现的结果（增加会员数量）。

请记住，活动衡量指标不一定是件坏事。它们只是无法成为好的具体目标。许多活动衡量指标可能成为策略或作为主要指标。例如，增加新会员的一个关键策略可能是让每位会员邀请潜在会员参与协会举办的免费活动。一项活动衡量指标可能是参加免费活动的潜在会员的数量。这不是针对会员增长的一项具体目标，因为它不能作为该变量的衡量指标。虽然它不能作为一个具体目标，但它可以作为会员增长的一项主要指标，因为每年新增会员的数量可能与参加免费活动的潜在会员的数量高度相关。

▶ 战略方向与实施规划

具体目标代表战略方向设定的达成情况，你可以将其当作战略制定工作的前半部分。在确定具体目标之后，组织还需要愿景以及表示成功的衡量指标。

战略制定工作的后半部分被称为实施规划。在实施规划的过程中，整个重点是该组织将如何实现这些具体目标。但是，你可能想直接跳到“策略”来回答这个问题：“我们该怎么来实现具体目标？”驱动力模型建议你慢慢来，要专注于有助于确保你识别最重要战略的两个重要方面。

▶ 关键成功因素和障碍

	定　义	例　子
关键成功因素	实现一个或多个具体目标所必需的关键条件	会议策划师对协会及其吸引会员的益处有高度认知
障碍	阻碍一个或多个具体目标的现有或潜在挑战	缺乏让新会员参与的活动（流程），导致新会员的留存率低

我认为，关键成功因素属于规划中最重要的概念，因为它们促使你识别并关注那些为取得成功所绝对需要的因素。在设定具体目标后，你就可以通过考虑“哪些关键条件如果创建出来就能推动具体目标的实现”这一问题，来识别你的关键成功因素。

战略规划文件示例摘录

愿景

成为会议策划师的聚集之所

使命

为深化会议行业的发展和专业化提供平台，保证平台的卓越品质和高道德标准，并通过采取促进教育、社区参与和各方合作的方式来完成这一任务

指导原则

我们相信教育是我们的根本关注点，因此我们会为会员提供提升行业技能的学习项目

我们相信帮助本地社区是我们的责任，因此我们会对社区积极投入时间与资源

我们相信必须为会议策划师提供满意的平台，因此我们会在策划师和供应商之间实行平衡的会员政策

战略方向

战略方向

教育

为我们的会员提供教育机会，提高他们的专业化水平，并让他们及时了解行业的最新发展趋势

社区外展服务

提供资金和服务来支持当地社区的发展，并提供组织认可的手段

会员

最大限度地提高会员的增长率、留存率和参与度

组织

维持充足的资金和组织资源，为各项计划提供支持

关系网络

为同伴的创意和观点的分享提供合适氛围

实施规划

关键成功因素

- 每一个分享者必须分享关于符合时代的、重要的主题，来提高会议参与度
- 会议策划师要高度重视联系来吸引新的会员

具体目标

- 将会员数量从 500 人增至 650 人
- 每次会议的平均出席人数从 175 人增至 250 人
- 实现有 10%的委员会会员参与的目标

策略

- 利用评估调查和行业推荐来选择优秀的发言人与主题
- 修订会员注册流程来了解会员所期待的委员会
- 在会议后举办季度委员会交流会
- 向委员会主席分发新会员名单
- 实施公关活动，向当地媒体报告活动情况

障碍

- 缺乏让新会员参与的活动（流程），导致新会员的留存率低
- 会员的高流动率阻碍了协会的持续发展

行动计划

- 组建新的公关委员会（执委会，2 月 1 日）
- 制定公关策略（公关部，3 月 1 日）
- 制订促销计划（公关部，3 月 15 日）
- 向董事会汇报（董事长，4 月 15 日）
- 实施促销计划（公关部，5 月 1 日）
- 评估促销效果（公关部，6 月 1 日）
- 编制公关结果报告（公关部，2 月 1 日/第二年）

定位声明	我们相信，缩减预算和裁员制度营造了一种氛围：只要策划师能够得到直接的、有形的回报，他们就愿意投入时间和金钱。因此，我们必须将项目的重点放在投资回报最大化上，并投资于市场营销，增加协会对目标受众的好处

对于会议策划师，其目标之一是使会员数量增加至 650 人。增加会员数量的关键成功因素是什么？哪些关键条件如果创建出来就能够推动具体目标的实现？会议策划师对协会及其吸引会员的益处有高度认知。

另一个具体目标是将会议的平均出席人数从 175 人增加至 250 人。关键条件是什么？能带来及时、实质性话题的有活力的演讲者，增加会议出勤率。

现在，让我们来看看障碍。障碍是阻碍一个或多个具体目标实现的现有或潜在挑战。它们是使你仍停留于现状并阻碍你实现愿景的路障。要确定你的路障，你必须问这样一个问题："是什么阻碍我们实现这些具体目标？我们为什么还没有实现愿景？"

在查看前两年的会员数据时，会议策划师意识到，70%留存人员是由刚刚加入一年或不到一年的会员组成的。实质上，许多人加入组织后到处看看，然后选择离开。而那些参与组织活动的人则倾向留下。因此，他们确定他们的一个主要障碍是：缺乏让新会员参与的活动，导致很低的留存率。

▶ 策略

	定　义	例　子
策略	为实现具体目标、满足关键条件和克服障碍所需采取的广泛活动	利用评估调查和行业推荐来选择优秀的发言人与主题

在确定关键成功因素和障碍后，就可以开始确定你的策略了。策略是你的驱动力，是你为实现具体目标、满足关键条件和克服障碍所实际做的事情。在会议策划师的例子中需要关注的是，每个策略如何处理关键成功因素、障碍、具体目标以及这三者的关联。

策　略	对具体目标、关键成功因素或障碍的影响
1. 利用评估调查和行业推荐来选择优秀的发言人与主题	关键成功因素：能带来及时、实质性话题的有活力的演讲者，增加会议出勤率
2. 修订会员注册流程来了解会员所期待的委员会	具体目标：实现有 10%的委员会会员参与 具体目标：年度会员留存率达到上一年度会员数量的 75% 障碍：缺乏让新会员参与的活动（流程），导致新会员的留存率低 障碍：会员的高流动率阻碍了协会的持续发展

续

策　　略	对具体目标、关键成功因素或障碍的影响
3. 在会议后开展季度委员会交流会	具体目标：实现有 10%的委员会会员参与 具体目标：年度会员留存率达到上年度会员数量的 75% 障碍：缺乏让新会员参与的活动（流程），导致新会员的留存率低 障碍：会员的高流动率阻碍了协会的持续发展
4. 实施公关活动，向当地媒体报告活动情况	具体目标：将会员数量从 500 人增至 650 人 关键成功因素：会议策划师对协会及其吸引会员的益处有高度认知

鉴于几乎所有的组织都有稀缺资源，为什么会有组织投资于不能创造取得成功或克服重大障碍的关键条件的策略呢？为什么会有组织做这种事呢？而且，正如我所发现的，他们一而再再而三地犯这种错误。

当然，其中一个原因是他们别无选择。例如，政府机构必须遵循国会的命令，即便这些命令与他们的目标、障碍或关键成功因素毫无关系。无独有偶，某 CEO 可能坚持实施其他人认为并非实现公司战略目标的关键战略。

然而，我发现，这些组织坚持实施并不能解决其关键成功因素和障碍的战略的主要原因在于，他们从来没有确定自己的关键成功因素和障碍究竟为何。本质上，他们是在做事（实施策略），但他们是在做最重要的事吗？或许是，又或许不是。我们也无从得知。

因此，有效规划的关键要素之一是，确定实现目标的关键因素有哪些，查出阻碍成功的障碍。只有这样，才能确保投资于重要的战略。你认识到关键成功因素和障碍分析的重要性了吗？

▶ 优先级排序和行动计划

在会议策划师的例子中，有五个战略方向，每个战略方向有四个策略。如果每个战略方向都有四个策略，那么这个规划一共会有二十个策略。你能在同一时间实施二十个策略吗？当然不能。所以你必须先对它们进行优先级排序。通过优先级排序，把最重要的策略放在第一位，然后再为每个优先级策略制订行动计划。

	定　义
行动计划	实施策略的具体步骤，包括要做什么、由谁做、何时做，以及所需的资源

行动计划需要提供如何实施优先级策略的细节，还需说明要做什么、由谁做和何时做，以及估算所需的资源。

策略：实施公关活动，向当地媒体报告活动情况			
支持的具体目标	将会员数量增至 650 人		
负责人	公关主席		
交付成果	公关计划与目标和年度绩效与目标 已实施促销计划 向董事会演示报告计划和结果		
截止日期：12 月 3 日		**总成本**：1 000 美元	**人/天**：27

	行动步骤	人员	日期	成本	人/天
1	组建新的公关委员会（目标：5 人）	执委会	2 月 1 日		1
2	制定公关策略	公关部	3 月 1 日		3
3	制订促销计划	公关部	3 月 15 日		3
4	向董事会汇报	董事长	4 月 15 日		0.5
5	实施促销计划	公关部	5 月 1 日	1 000 美元	15
6	提供中期进度报告	董事长	8 月 15 日		1
7	评估促销效果	公关部	11 月 1 日		3
8	向董事会展示结果	董事长	12 月 15 日		0.5

你还能通过行动计划监视活动，以确保首先完成优先事项。在驱动力模型中，为了确保进度，两个行动步骤之间的间隔最长不得超过三个月。

驱动力模型组成部分：定义和示例

下表总结了各组成部分的定义。

愿景	理想的未来图景——描述了如果企业能够成功实现其使命，未来会是什么样子 会议策划师的聚集之所
使命	对组织整体目标的陈述，描述做什么、为谁做和有什么好处 为进一步推动会议行业发展和专业化提供一个平台
指导原则	为组织经营奠定基础的一般性指导方针 我们相信，我们必须始终为会议策划师提供一个满意的平台。因此，我们将在策划师和供应商之间实行平衡的会员政策
战略方向	界定使命完成情况的广泛的、长期的目标 最大限度地提高会员的增长率、留存率和参与度
具体目标	具体的、可量化的、可实现的指标，用于衡量一段时间内战略方向的达成情况 到第三年，将每次会议的平均出席人数从 175 人增至 250 人
定位声明	关于组织机构的方向和重心的总体决定 我们相信，第三世界国家产品质量的提升将导致照明产品零售价格面临下行压力。因此，我们必须寻求海外产品供货渠道，并且长期打造我们自己的国际生产能力
关键成功因素	实现一个或多个目标所必需的关键条件 会议策划师对协会及其吸引会员的益处有高度认知
障碍	阻碍一个或多个具体目标的现有或潜在挑战 缺乏让新会员参与的活动（流程），导致新会员的留存率低
策略	为实现具体目标、满足关键条件和克服障碍所需采取的广泛活动 利用评估调查和行业推荐来选择优秀的发言人与主题
行动计划	实施策略的具体步骤，包括要做什么、由谁做、何时做，以及所需的资源 组建新的公关委员会（执委会，2 月 1 日） 制定公关策略（公关部，3 月 1 日） 制订促销计划（公关部，3 月 15 日）

监控

我们已经讲了驱动力模型的所有组成部分，接下来要介绍监控过程。

自上而下规划，自下而上实施

在驱动力模型中，需要自上而下制定规划，同时需要自下而上实施。这句话是什么意思呢？

首先，从规划工作来说，需要采用自上而下的方法。

自上而下规划	
	• 首先确定战略方向。 • 其次确定实现战略方向所需达到的具体目标。 • 然后识别具体目标相关的关键成功因素和障碍。 • 再次确定创造关键条件、克服障碍和实现具体目标的策略。 • 最后确定实现每个优先级策略的行动计划。

虽然规划时需要采用自上而下的方式，但在实施过程中要采用自下而上的方式。

自下而上实施	
	• 实现了行动计划，就能实现你的策略。 • 实现了策略，就能创造关键条件和克服障碍。 • 创造了关键条件、克服了障碍，就能实现你的具体目标。 • 实现了你的具体目标，就能实现本阶段的战略方向。 • 实现了战略方向，就能达成你的使命。 • 实现了使命，距离实现你的愿景就更进一步。

你处在哪个级别

那么，你如何知道自己是否达到自己所设定的目标？这就是监控的用武之地。每间隔一段时间，你就暂停下来，为自己的进度评级。关于这个问题，我将在后面详细讲解。当然，在评级过程中，你应该回顾战略规划的九个组成部分：愿景、使命、指导原则、战略方向、具体目标、关键成功因素、障碍、策略和行动计划。不过，我建议你通过对其中一个组成部分的进度评级来评估绩效。具体选哪一个呢？

- 是愿景、使命、指导原则，还是战略方向？都不是，这些都过于宽泛。
- 那么，或许是关键成功因素或障碍？也不是，这些是无法进行评级的。
- 所以，现在，我们只能在具体目标、策略或行动计划中选一个了。那么，你究竟需要对哪个组成部分进行评级呢？

答案对你而言可能是显而易见的。假设你选定了一个，其正处于某三年期计划的第一年，或第二年，或第三年的节点上，在该节点上已经完成你所有的策略和行动计划，但是没能实现你的具体目标。你会觉得开心吗？或许不会。

从另一方面来说，假设一年后、两年后或三年后，你实现了所有的具体目标，但是并未完成所有的策略和行动。你会觉得开心吗？当然会。你会感觉欣喜若狂，因为你不必做完所有的工作，就能实现你的目标！

进度评级的关键是把重点放在具体目标上，它们才是你的可衡量目标，才是你想要达到的效果。我们做了我们曾说过要做的事情了吗？如果确定你做到了，你就可以给自己打一个“A”，即使你可能不会得到你想要的结果。经常会出现这种情况，特别是当企业尚未确定自己的目标，或者他们的目标以活动为重点，而非结果时。

如果你正在衡量具体目标并对其进行评级，实际上，你就是想知道自己是否得到了所期望达到的效果。这正是需要具体、可量化的目标的另一个原因。如果尚未确定具体目标，那么你可能只能根据活动而非结果来衡量进度。

▶ 驱动力模型监控过程

正如你将在第 14 章看到的，驱动力模型采用了自下而上的方式，其中包括由三部分组成的监控过程。

由三部分组成的监控过程	• **月度**：在驱动力模型中，你的团队将通过提出如下问题来跟踪策略和行动计划："我们是否正在做我们曾说过要做的事情？"你将根据需要适时调整行动计划。 • **季度**：每隔三个月，你的团队将审查具体目标进展情况，并向自己提问："我们是否正在得到我们想要得到的结果？"在季度会议中，你的团队将根据问题和优先级排序调整目标，并决定停止或继续目前的策略，并开始新的策略。 • **年度**：规划团队将开会审查年度进展情况，确定新的障碍和关键成功因素，更改具体目标，并重新设立优先事项和行动计划。

驱动力模型的交付成果

你已经了解了驱动力模型和监控过程的组成部分，现在我们看一下驱动力模型的交付成果。下页图展示了战略规划使用驱动力模型的五大交付成果。

简报手册	提供多角度信息和评估，记录当前形势。 • 客户/利益相关者角度 • 员工角度 • 高管角度 • 行业趋势 • 竞争对手分析 • 组织分析

战略文件	作为主要的战略文件，通常为对折页，包括战略规划的核心组成部分。手册前四页应为会议策划师协会的战略文件示例。 • 愿景与使命　　• 指导原则 • 战略方向　　• 关键成功因素 • 具体目标　　• 障碍 • 定位声明　　• 策略

驱动力模型的交付成果

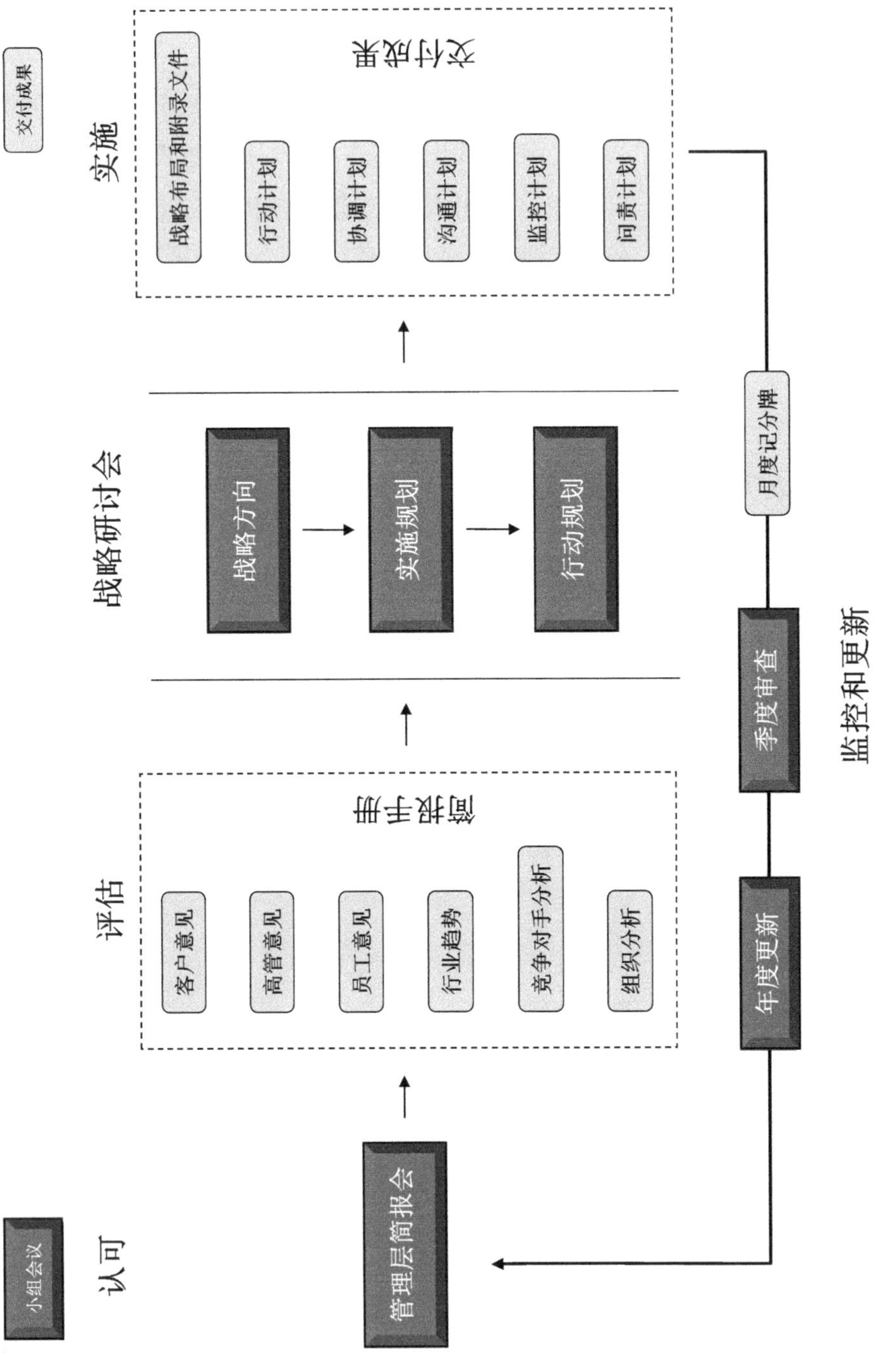
小组会议
交付成果
认可
管理层简报会
评估
客户意见
高管意见
员工意见
行业趋势
竞争对手分析
组织分析
洞察手册
战略研讨会
战略方向
实施规划
行动规划
实施
战略布局和附录文件
行动计划
协调计划
沟通计划
监控计划
问责计划
执行手册
年度更新
季度审查
月度记分牌
监控和更新

附录文件	提供规划过程中制作的并未包括在战略文件中的详细分析和其他计划。 • SWOT 分析 • 沟通计划 • 协调计划 • 监控计划
行动计划	提供每个优先级策略的独立计划，以实现各优先级策略所需的活动和职责。

针对每个行动计划	针对每个行动步骤
负责人	行动
交付成果	责任
总成本	费用
总资源	资源
到期日	截止日期

监控报告

- 月度记分牌：展示各优先级策略状态的彩色编码图（绿色、黄色、红色）。
- 季度审查：根据需要展示具体目标、策略、优先事项的进展和调整回顾。
- 年度更新：包括年度业绩评估、新障碍和关键成功因素确认，以及总体规划修订，根据需要包括战略方向、具体目标、策略和优先事项调整。

请注意，图中的简报手册在提起客户和竞争对手时采用了公司术语。对于政府机构和一些非营利组织而言，使用“利益相关者”和“合作伙伴”更为恰当，而非“客户”和“竞争对手”。为简单起见，我将使用客户和竞争对手这两个术语，以此区分非企业组织。

执行驱动力模型：多长时间

驱动力模型几乎适用于任何规模的组织。驱动力模型的完整形式包括五次制定战略规划的引导研讨会，以及每年四次旨在跟踪进度的监控会议。当然，组织可能会进行适当的调整，使之更好地与其需求保持一致。下表显示了三种组织的持续时间。

引导研讨会	大型组织	中型组织	小型组织
管理层简报会	2 小时	2 小时	2 小时
战略方向	2 天	1.5 天	1 天
实施规划	2 天	1.5 天	1 天
行动计划和员工简报会	1 天	1 天	（未完成）
行动计划回顾	1 天	（未完成）	（未完成）
月度检查	未引导；通过电话或网络完成		（未完成）
季度审查（三季度）	每季度 3 小时	每季度 3 小时	（未完成）
年度更新	1 天	1 天	1 天
研讨会总时长	8+天	6+天	3+天

▶ 驱动力模型有什么不同

时常有人问我如何解释驱动力模型与其他规划模型的不同之处。我把这个问题分成两部分：第一，驱动力模型的结构有何不同之处？第二，驱动力模型的执行有何不同之处？我们先来看结构。

驱动力模型的结构有什么不同

优雅简洁

许多经理人将规划，特别是战略规划，视为一项具有高度挑战性和复杂性的活动。而驱动力模型提供了一种优雅简洁，却又足够全面和强大的方法，足以同时满足营业额为数十亿美元大公司和仅为 50 万美元的非营利组织的需求。

战略文件	一份战略文件即可涵盖战略规划的所有核心要素。对于管理团队和员工，战略文件是一种非常易于读取和理解的战略方向路线图。有些组织甚至发现它有助于建立一个汇编版或“外部”版战略文件提供给供应商和客户。
定义明确	无须再争论战略方向是什么，具体目标是什么。无须再讨论愿景与使命陈述都应该包括哪些内容。驱动力模型为规划中的每项要素提供了明确、简洁、易用的定义。
SWOT 格式	驱动力模型通过识别每项要素的属性和影响，对优势、劣势、机会和威胁进行了更为全面的分析。这种深入分析有助于确保大家对本组织面临的现状达成共识。
使命—愿景的区分	明确区分使命（做什么、为谁做、有什么好处）和愿景（理想的未来图景），有助于你保持权威性和理想化。
战略方向—具体目标的关系	确定战略方向（确定履行使命的战略方向标）和具体目标（确定完成战略方向的具体的、可量化的目标）之间的关系能确保具体目标侧重于衡量结果，而非活动。
关键成功因素和障碍	如何确保策略是组织关注的最重要活动？驱动力模型能够帮你识别关键成功因素以及阻碍成功的主要障碍，进而实现上述目的。所以，你的每项策略都应当创造关键成功因素、克服障碍，或两者兼而有之。
监控过程	许多规划由于缺乏重点和保证，而在实施中失败了。三级监控模式能够促进这些重点和保证的实现。

除了模型结构的差异，驱动力模型的执行方式也存在差异。执行流程的设计旨在始终加深对当前形势的认识，专注于关键要素的谈话，以及建立执行认可和保证。本书包

含执行驱动力模型相关的近 30 个秘诀。尽管书中已经多次强调这些秘诀，不过，我把关键的秘诀总结如下。

驱动力模型的执行有什么不同

管理层简报会	你可以通过举行一次或多次管理层简报会获得对于规划活动的认可。利用管理层简报会让策划团队确定本组织面临的最关键问题。然后，展示规划过程如何帮助团队解决这些问题。
简报手册回顾	在规划的初期，团队会花费大量时间编制简报手册，用于评估目前的形势。但是，你如何保证简报手册中的关键信息会通过规划过程得到执行呢？在驱动力模型中，策划团队成员通过简报手册确定关键意见，并记录相关潜在解决战略。潜在战略是连接过去与未来的桥梁，应在规划过程后期的战略发展阶段予以考虑。
少数服从多数流程	团队经常浪费时间争论哪个形容词更为确切。驱动力模型包括一个名为“少数服从多数”的结构化流程，旨在尽量减少耗费在选词上的时间。
使用好动词	驱动力模型确定了用于每个规划组成部分的动词的具体差别。 • 战略方向前用非限定动词（如最大限度地提供、维护）。 • 具体目标前用定量动词（如增加、减少、降低）。 • 策略前使用限定动词（如建立、制定、实施） 这些区别能够确保水平一致性，有助于制订高质量计划。
建立使命	组织利用结构化过程能够确定自己的使命，通常能在一小时内制定好使命宣言。“做什么？为谁做？有什么好处？” 这三个关键问题明确了使命发展的重点。

确定战略方向	驱动力模型包括一个强大的可视化流程，能够帮助团队预见未来的成功。通过这种预见，团队能够迅速识别自己的战略方向，并制定坚定的战略方向陈述。
确定具体目标	驱动力模型制定五个战略方向的具体的、可量化的目标，大大简化了这个曾经非常困难和复杂的过程。
制定策略	潜在策略的头脑风暴是所有规划过程的关键环节，驱动力模型在头脑风暴环节后严格回顾关键成功因素和障碍，确保战略规划能够解决主要障碍，创造取得成功所需的关键成功因素。
设定优先级	制定策略很重要，但很少有组织可以同时执行某项计划的所有活动，因此必须设定优先级排序。驱动力模型的优先级排序设定过程包括一段受控游说时间，旨在达成强有力的共识和保证。游说过程会给每个人一段时间，以此游说整个团队支持某种或多种策略。鉴于参与者将会反复听到大家对于少数策略的支持，游说过程有助于针对特定解决方案达成共识。此外，一旦完成优先级排序，就到了落实责任环节，人们总是更倾向于领导为自己游说的项目。
成功策略和质量检查	驱动力模型的各组成部分包括一个成功策略清单，清单指出了展开各组成部分的最佳实践。驱动力模型还包括针对各组成部分的一套质量检查清单，用以确认你的团队工作进展良好。

我相信，这些结构与执行差异有助于促使驱动力模型成为各种规模和类型的组织的优选规划方法。

下一步是什么

在本章中，我概述了驱动力模型。在这个概述的基础上，接下来的章节将详细说明如何执行驱动力模型，以及你在领导战略开发中的作用。

第1部分　认可与评估

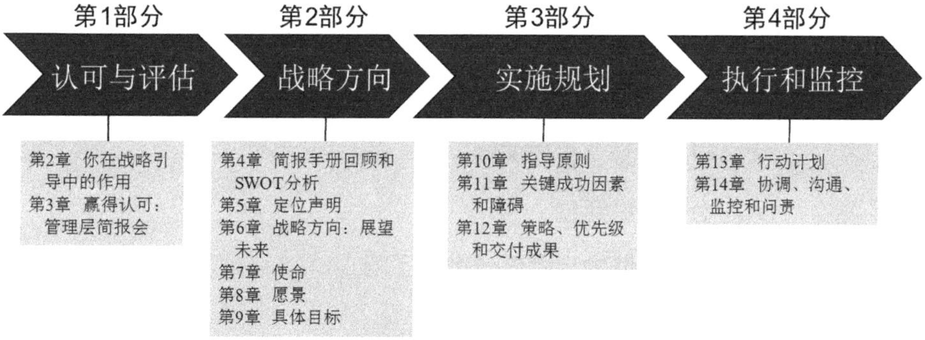
第1部分
认可与评估
第2章　你在战略引导中的作用
第3章　赢得认可：管理层简报会
第2部分
战略方向
第4章　简报手册回顾和SWOT分析
第5章　定位声明
第6章　战略方向：展望未来
第7章　使命
第8章　愿景
第9章　具体目标
第3部分
实施规划
第10章　指导原则
第11章　关键成功因素和障碍
第12章　策略、优先级和交付成果
第4部分
执行和监控
第13章　行动计划
第14章　协调、沟通、监控和问责

第 2 章
你在战略引导中的作用

- 为什么你需要一个战略规划
- 引导与领导有何区别
- 七个关键活动
- 你的团队为规划做好准备了吗
- 结束语

过去 20 年间，我在多个战略规划项目中与 100 多位企业领导人合作过。我见识过各种各样的高管人员，他们中既有那些无时无刻不在思考企业发展战略的人，也有人在第一次会上就告诉我："我不相信战略规划能改变我们今年所做的一切。"所以，在了解你们在战略引导中的角色之前，首先让我们回答一个更大的问题。

为什么你需要一个战略规划

制定战略耗时耗力，也需要众多资源。制定战略需要你所在企业中部分经验丰富的高薪人员投入时间和精力来完成这件事情。那么，如果你的团队不愿投入时间和精力来制定战略，建议你不要贸然行事。与没有规划相比，糟糕的规划往往更加糟糕。

那么，你为何需要制定战略？为何投入时间来进行规划？原因很多。但驱动力模型主要关注以下五个方面。

设定发展方向和优先事项	首先，你需要一个战略是因为战略可以确定你所在企业的发展方向和优先发展领域。 战略可确定企业的成功目标，确定为实现这一目标必须采取的优先活动。战略还可帮助企业员工了解哪些是他们应该努力开展的工作，哪些是最重要的工作。 如果没有一个明确的战略，你可能发现你的优先行动项目——推动企业取得最大成功的项目——无法得到应有的重视。
让大家达成共识	如果你发现你所在企业的不同部门要实现的目标各不相同，或者发展方向互不一致，就需要制定一个战略。 一旦明确了企业的战略方向，就可以让包括运营、销售、营销、行政管理、制造等在内的所有部门朝着实现企业战略方向的方向，共同前进。

简化决策过程	如果你的领导团队难以对各种新的想法或潜在项目提出反对时，就需要制定一个战略。这是因为，企业战略已经确定了为取得成功所必须开展的优先活动，这些优先活动可使领导团队更对那些不相关的项目说“不”。
促进一致性	许多企业都有一些貌似勤勉的人员，但他们总是将自己最大的精力投入到对企业取得战略成功作用甚小甚至毫无作用的活动中。他们的主要精力用在一些不重要的事情上——这是因为他们的活动与企业的优先事项并不保持一致。 你制定的战略可用于回答以下问题：“我们如何才能让所有的资源保持一致性，才能最大限度地取得战略成功？”
传达信息	许多企业领导人将战略一直隐藏在头脑中——他们了解企业的目标以及为实现该目标所必须开展的关键活动。但不幸的是，该战略并未落实到纸上，且并未得到详尽的传达。因此，很少有人能够按照该战略开展行动。 只有当你的员工、供应商甚至客户了解你的目标时，你才拥有更大的机会，让人们帮助你最大限度地取得成功。

在你意识到有必要制定规划后，你就将扮演催化师的角色：推动领导团队以及企业其他人员对制定规划的认可和承诺。我发现，很少有高管真正了解如何最大限度地发挥他们在战略引导中的作用。本章将重点针对你——企业的领导人以及你在战略引导中发挥的关键作用。现在就让我们开始吧。

引导与领导有何区别

领导与引导的主要区别，在于领导者常常告诉他人；而引导师通常是提问。在《引导的秘诀》一书中，我描述了我对“引导的秘诀”的认识过程。

了解引导的基本秘诀

我在一家“Big-8 accounting and consulting firms”的管理咨询部门任职期间，开始了解了引导的基本秘诀。在那家咨询企业工作的八年中，我们制定了一个处理客户问题的标准方法。客户可能邀请我们帮助他们对某个特定部门或业务活动开展咨询。通常，我们会派遣一个优秀的服务团队，对那些我们认为关键利益相关者的人员开展访谈，并基于我们的访谈结果和经验提出一系列建议，最后建立了所谓的“百分百解决方案”。然后，我们离开客户公司，一年后再回来。如果幸运的话，我们提出的 15%的建议将得到落实。

我在那家咨询公司工作的最后几年间，我所在的部门已开始采取一个完全不同的咨询方法。我们的咨询团队成员数量更少，并且与客户的人员共同合作。我们共同召集通常包括 8～20 人的小组访谈（引导会）。在引导会上，参与者而非咨询师会提出建议。在许多情况下，参与者只能提出我们认为的 60%或 70%解决方案。因此，我们可以基于我们的经验提出相关想法。他们会接受我们提出的部分建议，另一些是他们认为在他们所在的环境下“没有帮助”或者“不可行”的建议而不被考虑。这一切结束后，他们会形成我们称为的“85%解决方案”。一年之后，当我们回去的时候，我们发现，80%～90%的解决方案都得到了落实！

为什么我们提出的“100%解决方案”不能得到很好的落实？而通过引导形成的“85%解决方案”可以取得更大程度的成功？这就是其中的秘诀所在。

秘诀 1

如果是由他们创建的（解决方案），他们就会理解和认可它。

如果由受到影响的人来创建解决方案，并得到他们的理解和认可，你就可以取得更为有效的成果。

作为专业咨询师，我们总是“告诉”客户他们所必须开展的活动。这样，我们很少得到客户及其员工的认可。然而，当我们开始向客户“提问”时，客户会形成自己的答案，这种差异非常巨大。

在《推动成熟信息技术企业的转型》一书中，来自美国科罗拉多大学的罗伯特 · 扎瓦茨基（Robert Zawacki）博士将该秘诀归纳为以下公式：

$$ED = RD \times CD$$

高效决策 = 正确决策 × 对决策的承诺度

扎瓦茨基博士认为，公式中的乘法符号表明，如果缺乏对决策的投入度，即便最佳的决策也可能完全失效。

这对你意味着什么	如果你作为企业领导人了解要采取的正确战略，但你的团队完全不投入实施该战略，你的战略有效性就将归零。 如果你强行制定了企业战略，但你的团队并不投入实施该战略，就好像你在踩汽车油门，而你的团队却在踩刹车——你消耗了大量的能量，空气中烟雾缭绕，但最终收效甚微。

这种情况确实存在。一家政府机构一个部门的负责人决定制定一个战略规划。尽管这个部门的工作主要是由三个经营部门完成的，该负责人最终只让她直接管理的部门人员来制定该战略规划。这位负责人有意将部门主管及其下属排除在外，因为在她看来，部门主管及其下属不能把握全局，思维过于狭隘，如果只维护他们自己的利益而非整个部门的利益，将浪费整个团队的时间。

事实上，规划很快制定完成。然而，当规划开始实施时，马上就遭到了反对。每个部门都认为规划缺乏实质内容，不能解决他们所面临的实际问题，更多的是分散精力的东西，而不是有益的东西。因此，所有部门的总体反应就是尽可能少地将精力投入规划的实施中，但还勉强可以被认为支持规划的实施。结果可想而知，规划的实施毫无效果。

▶ 建立承诺度

企业领导者自然而然地会倾向于首先制定一个战略规划，然后努力建立员工对他们认为正确的活动的投入度。我将这种方法称为陈旧的规划方法。而在引导式方法中，企业领导者会邀请那些受到决策影响的人员帮助制定规划。这可以建立员工在制定正确决策过程中的承诺度，如下图所示。

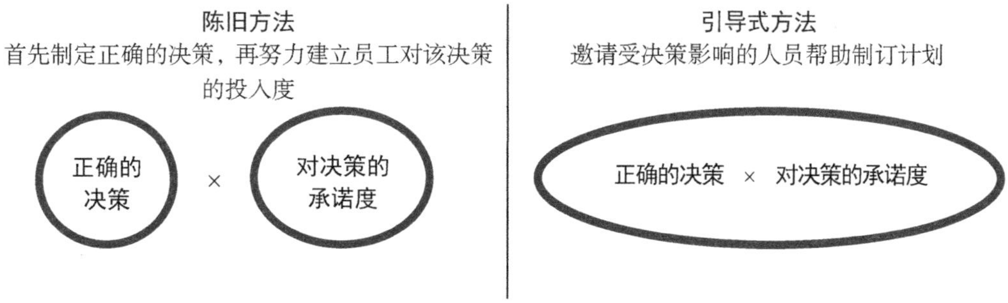

你该如何建立员工承诺度	邀请受决策影响的人帮助制定规划，建立他们对该规划的承诺度。如果规划是由他们自己创建的，他们就会理解和认可它。

本书的目的是指导你如何与你的团队共同制定一个战略规划，同时如何利用各项引导原则来建立团队成员在整个规划实施过程中的认可度和承诺度。你该怎么做？让我们首先了解你的角色。

七大关键活动

作为战略负责人，你可以借助七个主要活动来帮助你制定一个强有力的战略规划，并赢得团队的充分认可和承诺。建议你密切关注以下这七大关键活动。

领导者在战略引导中的角色	• 赢得团队对整个规划流程的承诺和认可。 • 确保倾听到各种意见。 • 确保将关键信息带入会场。 • 将你的观点拿出来讨论，而不是强加给团队。 • 确保规划的各个组成部分均通过质量检查。 • 持续跟进，并让员工对整个规划实施过程负责。 • 确定是否需要外部引导师提供帮助。

让我们逐一分析上述各项活动以及与其相关的建议措施。

赢得团队对整个规划流程的承诺和认可

如果你的领导团队与我曾经合作过的大多数团队一样，他们总是缺乏资源，难以在规定的期限内完成手中的工作，那么对于他们中的大多数人而言，抽出宝贵的时间和资源制定一个规划，只会增加他们本已超负荷的工作量，这肯定不会受到欢迎。

因此，你如何赢得他们对规划的承诺？如何赢得他们对某个规划流程（如驱动力模型）的认可？我在第 3 章将回答这个问题，该章介绍了我认为赢得认可的秘密武器：管理层简报会。通过管理层简报会，你能让你的团队找出组织面临的最紧迫问题。然后，他们将根据需要对规划流程进行调整，以确保该流程能够解决这些问题。管理层简报会可增强团队对规划的承诺，为他们提供一个路线图，向他们显示他们的个人需求如何在战略规划会议上得到满足。

管理层简报会议程

- 开场
- 确定必须通过规划解决的重要问题
- 概览驱动模型
- 更改规划方法，确保它能够解决我们面临的问题
- 确定有效规划所需要的信息（简报手册）
- 确定后勤保障和后续行动（谁、何时和何处）

确保倾听到各种意见

引导的基本秘诀阐明，通过邀请那些将要受到规划影响的人来制定规划，可以增强他们对规划的认可和承诺度。但是，如果组织中的所有人都将受到战略规划的影响，这是否意味着所有人都应坐在会议桌旁，一起来制定规划？

当然不是，也没有必要。参与并不需要坐在会议桌旁。有如下几种方法可以为人们提供参与的机会。

你如何确保倾听到各种意见	• 对于一些人而言，有机会通过一次调查或一个意见箱提出建议就已足够。 • 对于另一些人而言，焦点小组、一对一访谈或其他用于获取深入意见的方式可能比较合适。 • 对于其他人而言，他们的职责、影响力、专业知识或观点非常重要，因此，让他们坐到会议桌旁讨论合乎情理。

你的一项重要职责就是确定谁应该坐在会议桌旁。另一项职责是确保言路畅通，所有意见都有机会得到倾听。提供发表意见的机会，对于引导式方法、赢得认可以及在组织中成功执行规划至关重要。

▶ 确保将关键信息带入会场

你也许曾与团队在一间会议室内根据所拥有的最佳信息做出某项决策，但事后才发现，你们并未拥有所有所需信息，因而做出了一项不良决策。听起来很耳熟吗？那么，你的一项职责就是确保这种事情不会发生。

我所在的公司在建立共识方面所做的工作表明，人们产生分歧的主要原因之一是缺乏共享信息。通过确保各方拥有相同的信息，很多分歧都能得到解决，甚至得到避免。

借助驱动力模型，简报手册可确保所有团队成员在开始时使用同一组数据。在第 3 章，你将学习应该研究、汇编并向每个规划团队成员提前分发那些数据。

典型简报手册的内容	• 客户/利益相关者意见 • 员工意见 • 高管意见 • 行业趋势 • 竞争对手分析 • 组织分析（如财务数据、产品性能、此前规划的成就等）

正如第 4 章所描述的那样，你的团队在第一次规划会议上将回顾简报手册的内容，并确定有助于制定总体战略的主要观察点和潜在策略。

把你的观点拿出来讨论，而不是强加给团队

如上所述，重要的是要倾听所有意见，包括你自己的意见。但不幸的是，如果你和大多数领导者一样，你的意见就有很大的分量。老板讲话时，下属会听，而且他们听的方式也不同于其他人讲话时。

当然，会议室内肯定有一些人会同等对待你和他人的意见。无论意见是来自你还是来自一名上任不到一年的管理人员，这些人都会以同样的方式表达他们的赞同或反对态度。不幸的是，会议桌旁的大多数人可能并非如此。当你发言时，大多数人如果赞同可能会很快地响应，如果反对则会很慢地响应——响应如此之慢，以至于他们可能永远都不会提出反对意见。

由于缺乏挑战，领导者的意见可轻易压制团队。即使有人敢于通过质疑来挑战，某些领导者往往不知不觉地使用贬低质疑者的语言回应，或者以很微妙的方式表明，挑战老板不受欢迎。

请考虑使用以下策略。

<table>
<tr>
<td>将你的意见拿出来讨论，而不是强加给团队的策略</td>
<td>解释你在研讨会内外扮演的不同角色，让你的团队了解以下情况：
• 当你走进研讨会时，你已经和他人不存在职位高低之分了。
• 在研讨会内，你是规划团队的一员，与其他人一样只有一票表决权。
• 研讨会内所制定的战略规划是团队的建议，将由领导者最终决定。
• 在研讨会外，你重新恢复你的领导职位，对团队的建议拥有最终决定权。如果你作为领导者决定接受某项建议，你应让团队知道其中的原因。
如果你已拥有愿景、战略方向、策略或其他希望团队考虑的要素，你应刻意将它拿出来讨论。
• 在某些情况下，直截了当地陈述你的意见并获得反馈，这样做更有好处（请参阅本章下文的“我的故事”）。</td>
</tr>
</table>

- 在另外一些情况下，给团队一个首先形成自己意见的机会，只有当他们无法做到这一点时再提出你的意见，这样做更有好处。

你怎样确定哪种方法更合适？

- 一般而言，如果你的意见侧重于战略大方向（愿景、使命、战略方向以及一定程度上的具体目标），则应考虑率先提出这些意见。
- 如果你的意见范围较窄，侧重于执行（关键成功因素、障碍、策略或行动），只有当团队无法提出自己的意见时再提出你的意见，这样做也许更合适。

避免成为第一个、第二个或第三个首先回应者。

- 当某个意见明显偏离正题或将讨论带到领导者认为错误的方向时，很多领导者发现他们很难袖手旁观。因此，他们开始发言，首先说出自己的意见，而且可以预见，团队其他成员通常会顺从领导者的意见。
- 我在引导战略会议时，在第一次会议之前，我特别注意要求领导者不要成为第一个、第二个或第三个首先回应这些意见的人。我要求他们允许团队成员首先发言，只有当至少三个人说出自己的看法后再提出他们的意见。

使用开放式而非封闭式语言。

- 当一个人说“这行不通”时，这种回应就是我所谓的封闭式语言。这些用词表明你已经做出决定。然而不幸的是，如果人们有不同意见，他们就不得不与老板产生分歧，而很多人并不愿意这么做。
- 一种更加开放的语言陈述应该是：“我不明白为何这能够行得通，同时仍能让我们赚钱。”简单的措辞“我不明白为何”暗示有人也许能够向你解释其中的原因。这种措辞有助于鼓励人们为你提供信息。
- 作为领导者，你可能早已发现，使用开放式语言可让人们为你提供他们可能在其他情况下不愿提供的信息。

我的故事：在我自己的组织机构中分享看法

我自己作为我所在企业的领导者，也必须使用这些策略。例如，在我们2007年的战略规划会议上，我希望我们能够在三年内将业务规模拓展一倍。我准备了一个演讲，向团队解释这样做的重要性，并列出了每个部门需要做的工作。然后，我要求团队首先回应，说出他们对这个目标的看法，然后说出他们的顾虑以及如何改进的意见。

我对随后的回应感到惊讶。有几个团队成员感觉这个目标相对太小，我们应该在三年内将业务拓展两倍，而不是一倍。其他人认为，为了实现我所提议的增长率，我们必须注重提高流程的标准化程度和有效性。一些人认为，我们应该更加专注于少数几款产品，而另一些人则认为，我们应该增加新产品。

之后是一场深入的讨论，团队最后基本达成了对该目标的全体认可，并开始兴致勃勃地制订用于实现该目标的计划。

▶ 确保规划的各个组成部分均通过质量检查

在驱动力模型中，每个组成部分都依赖于之前的组成部分。因此，如果你未能很好地确定你的使命和愿景，你的战略方向和具体目标就将受到影响。同样，如果你的战略方向和具体目标不相符，你的关键成功因素和障碍因素也将彼此脱节。如果你的关键成功因素和障碍因素不充分，你的战略和行动计划也会存在不足，因此，你必须高质量地完成规划过程的每个环节。

驱动力模型就是用来在这方面为你们提供帮助的。驱动力模型从贯穿整个战略和行动计划的愿景和使命的角度，提供了一项具体针对战略规划的各组成部分进行的质量检查。这些质量检查有助于确保你们计划全面、稳健，能起到激励作用，而且便于实施。作为领导，你们的角色是确保规划的每个组成部分都通过质量检查。在后文中每章的第二页上，你们可以看到一份质量检查清单，这份清单将有助于你们对本队在该计划组成部分方面的工作进行评估。下面是我总结的计划各组成部分的质量检查清单的一两项要素。

管理层简报会	• 是否已确定了规划需要解决的关键问题？ • 是否解决问题的规划流程得到了认可？

简报手册回顾与 SWOT 分析	• 规划小组是否已对简报手册进行了回顾,确定了主要观察点和潜在的策略? • 是否已从特征和影响两个方面，确定了优势、劣势、机会与威胁?
定位声明	• 是否已针对影响今后成功的主要外部趋势做了定位声明? • 每个定位声明是否已采用了能够确定信念和根据该信念采取的行动的格式，如“我们相信……因此，我们必须……”?
使命	• 使命陈述是否在广义上描述了做什么，为谁做，有什么好处? • 使命陈述是否表明了组织服务的行业或市场?
愿景	• 愿景是否代表了组织所憧憬的未来? • 愿景是单纯地代表了对今天现状的一种逻辑延伸,还是代表着跳出框架的结果?
战略方向	• 总体来讲，战略方向是否代表了组织战略重点的所有关键区域? • 如果组织实现了这些战略方向并且仅仅实现了这些战略方向,是否就很有可能达成其使命?
具体目标	• 这些具体目标是否符合 SMART 原则——具体的、可量化的、可实现的、相关的和有时限的? • 如果这些具体目标都实现了，是否就能在时限内完成战略方向?
指导原则	• 指导原则是否明确了组织所有主要的价值观? • 原则的措辞是否能够表明其价值观和基于这种价值观所倡导的行为（如“我们相信……因此，我们必须……”）?

关键成功因素	• 是否已创造了最关键的条件，找出了影响成功的主要障碍？ • 是否以名词（如“高效的经销商网络”）而不是动词（如“开发”）的形式对关键成功因素进行有条件的陈述？
障碍	• 是不是以鼓励策略克服障碍的方式来描述障碍的？ • 一个具体目标是否有不少于两个但不超过七个的障碍？
策略	• 是不是以要完成的活动而非要实现的成果来描述策略的？ • 如果实施了这些策略，是否很有可能实现具体目标？
行动计划	• 是否已确定了所有的交付成果？如果实现了所有的交付成果，策略会实现吗？ • 是否已确定了所有重要的行动？每个行动计划的措辞描述是否都已经明确了什么是需要完成的？如果所有的行动都完成了，能否实现所有的交付成果？ • 认可与评估。

▶ 持续跟进，并让员工对整个规划实施过程负责

如果你曾经参与过战略规划流程，就知道这种情形再平常不过了：一份刚放在总经理桌案上的规划，注入了许多能量，就等着进行战略规划时再次被关注。

驱动力模型力求终结这种情形。在第 14 章中，你们会看到，你和你的团队将制定一个详细的流程，使组织上下就该战略规划达成一致，并确保完成该战略规划的月度检查、季度审查和年度更新。采用这种系统的监控流程，其目的是为将规划理念付诸实施提供帮助。

以下是一个典型的达成一致与监控流程：

一次性	组织将根据自身的结构、工作、角色、流程、系统和推动计划实现的奖励情况来确认调整内容并进行调整。

月度	战略规划的领导者更新其计划状况以保证你们是在做你们说了要做的事。总体规划协调员将向规划组的全体成员提供绩效报告。
季度	规划组将召开会议，以回顾战略的现状以及在具体目标上取得的进展。规划组将决定终止或继续哪些现行策略，以及要开始实行哪些新策略。此外，规划组将根据存在的问题和优先级排序，视需要对具体目标进行调整。
年度	规划组将召开会议来回顾年度进展，确定新的障碍和关键成功因素，调整具体目标，并重新确定行动计划和优先级排序。
奖励	本财政年度年底实现其交付成果的各组将获得额外的年终奖。
惩罚	根据月度检查情况，哪个组没能完成其月度工作目标，其组长将被问责，接受指定的惩罚。

第 14 章提供了更多关于达成一致、监控、问责和可能的奖励与惩罚的信息。

▶ 确定是否需要外部引导师提供帮助

对于像战略规划这样至关重要的工作，由一个精通引导并且在引导团队进行战略规划方面经验丰富的引导师来进行引导，是很有必要的。有些组织内部就有擅长引导和战略的人才。但另外一些组织则选择引进经过多年培训、经验丰富、成效显著的专业引导师。

什么时候应该请外部引导师呢？这由你作为一个领导者做出决定。在附录专题里，我提供了有关这项决定的一些观点，并推荐了一个在有需要时如何选择引导师的流程。

你的团队为规划做好准备了吗

领导者必须发挥领导作用。无论你是领导一家大公司、一个非营利组织、一个政府机构、一个部门、一个项目还是一个团队，领导者都有责任组织具有明确的战略方向以及将其付诸实践的规划。

不幸的是,有时领导者为战略规划做好了准备,但他们领导的团队却没有做好准备。如果你的团队没有做好准备怎么办？你会怎么做？而且，也许更重要的是，你怎么才能知道你的团队是否为制定战略规划做好了准备？

下面是一份问题清单，这份清单有助于你确定你的团队是否为制订战略计划做好准备。

确定你的团队是否为规划做好了准备的问题	• 团队成员是否广泛认为团队需要共同的方向和一致认同的优先级排序？ • 是否确认了规划要解决的关键问题？ • 是否明确划定了规划的结果和益处？ • 是否已就战略规划的方法和时间表达成一致？ • 团队是否同意需要采用不同于以往的规划流程？ • 团队是否决定了由哪些人来参与规划制定，以及如何获得未参与规划制定的人的认可？ • 需要参与规划制定的人是否愿意贡献时间和所需的人力、物力？ • 是否确认了制定规划需要事先汇总的信息——包括此前规划工作的结果？

如果你的团队尚未准备好进入规划环节,或者你无法确定他们是否已准备就绪,那么首要步骤（详见第 3 章）就是举办管理层简报会。我发现，管理层简报会是让团队做好规划准备的利器。具体而言，管理层简报会旨在实现下列目标：

- 赢得高层管理者的承诺：投入时间制定和执行规划。
- 确定规划需要应对的重大问题。
- 就为应对这些问题而确定的规划流程达成共识。
- 制订有关当前形势（包括以往计划、当前项目、客户观念、员工意见、行业趋势以及竞争态势）的信息收集计划。

第 3 章描绘了举行管理层简报会以及让团队为将来的战略工作做好准备的路线图。

结束语

本章所述的七个活动，是你在引导组织驱动力模型流程时的角色概述。以下各章详细说明了你在规划的具体环节中扮演的角色。

你可能会问:引进外部引导师是否会影响该角色？无论你是担任战略会议的引导师，或者让他人来担任此职，你作为领导者，应对所述活动承担最终责任。但是，如附录专题里所指出的，如果使用外部引导师，需要和引导师约定：双方将如何共同执行这些活动。

第 3 章
赢得认可：管理层简报会

- 综述：管理层简报会
- 概述
- 如何最大限度地避免术语争论
- 赢得对规划流程的认可
- 确定简报手册信息
- 管理层简报会的好处
- 员工简报会
- 流程
- 质量检查
- 你在管理层简报会中的角色

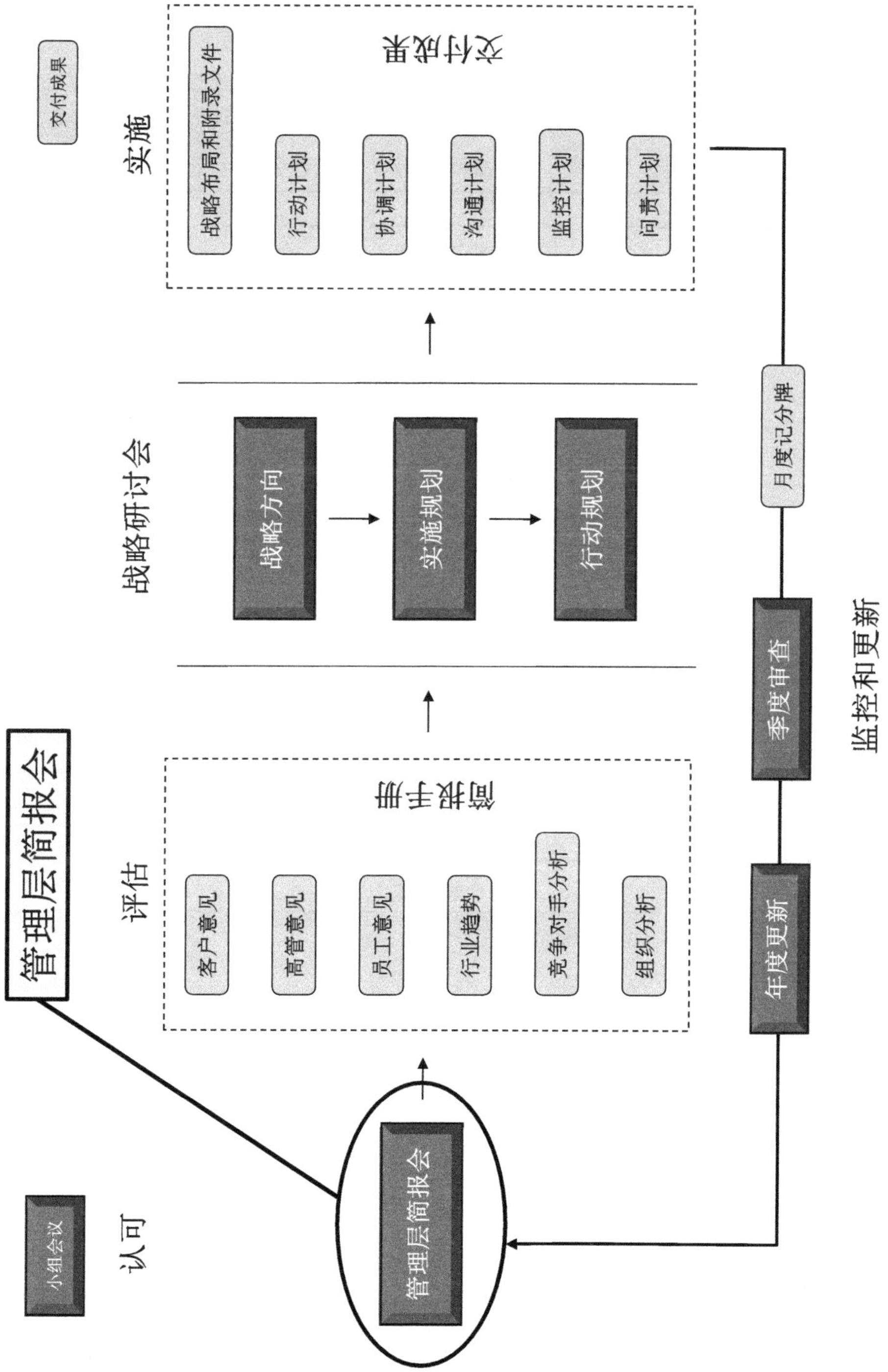
管理层简报会
认可
小组会议
管理层简报会
评估
客户意见
高管意见
员工意见
行业趋势
竞争对手分析
组织分析
简报手册
战略研讨会
战略方向
实施规划
行动规划
实施
战略布局和附录文件
行动计划
协调计划
沟通计划
监控计划
问责计划
交付成果
交付成果
年度更新
季度审查
月度记分牌
监控和更新

综述：管理层简报会

定义	管理层简报会是旨在确定关键问题、提供有关拟采取规划举措（驱动力模型）的简报，以及赢得对开展和参与规划认可的一种会议

成功策略

- 会议介绍
- 通过团队确定关键问题
- 提供对驱动力模型及交付成果的概述
- 将关键问题与驱动力模型相挂钩
- 确定参与者喜欢的流程环节
- 确定流程中存在的问题以及可行的策略
- 描述简报手册和评估流程
- 制订简报手册行动计划
- 遴选现状评估团队
- 确定后勤方案和后勤团队
- 确定近期后续步骤

质量检查

- 是否已确定了规划应当应对的关键问题？
- 旨在解决问题的规划流程是否得到了认可？
- 是否已确定了规划流程中可能存在的问题，以及是否已制定可能的解决方案？
- 是否已确定了为规划做好准备的所有必要步骤，以及是否已分配了责任？

概述

在 20 年的规划流程引导工作中，我发现，规划团队中很多成员一般并不热衷于开展规划练习。这是为什么？主要原因是他们自认为对具体步骤一清二楚，认为这些步骤跟以往如出一辙。

在执行团队看来，很多情况下，练习只是披着“战略规划”外衣的学术练习，无助于解决组织面临的实际问题。无非是在将大量时间和资源投入规划练习之后，制定一本战略规划手册，然后便束之高阁，在下一次学术练习开始之前再也无人问津。

规划练习受到的这种“冷遇”已司空见惯，我也见怪不怪了。因此，我认为，有必要制定一个自始有助于你提升认可度的流程。此问题涉及引导策略的另一个秘诀。

秘诀 2

通过举行一次或多次管理层简报会，获得对规划的认可。
采用管理层简报会的形式，要求规划团队确定组织机构面临的最关键问题。然后，说明规划流程将如何帮助团队解决这些问题。

你可以将管理层简报会视作获得认可的秘密武器。我认为，这是规划初期最重要的活动。以下为管理层简报会的议程范本。

管理层简报会议程

目的	赢得管理团队对执行规划流程的认可
产出	• 组织机构面临的关键问题 • 规划方法 • 简报手册所需的信息 • 规划团队和现状评估团队成员姓名 • 后续步骤
时长	90 ~ 120 分钟
议程	• 会议开场 • 确定需要通过规划应对的关键问题 • 驱动力模型概述 • 修改规划方法，确保该方法能解决我们面临的问题 • 确定有效规划所需的信息（简报手册） • 确定后勤保障及后续步骤（执行计划的人员、时间和地点）

注意：有时需要举行多次管理层简报会。常规流程为：首先向你的直接上级进行简报，然后举行第二次简报会，由参与规划流程的最高上司及组织的其他成员参加。

如何最大限度地避免术语争论

规划流程中可能发生的另一个常见问题是对规划术语的争论，例如，“什么是战略方向？难道愿景不应该是可实现的短期目标吗？战略与战术之间的区别是什么？”如果某些管理团队的成员来自不同组织机构并且在其先前任职期间已经参与了规划流程，那么这些团队的此类争论就尤其盛行。你应如何避免这些争论？此问题应适用我们的下一个引导战略秘诀。

秘诀 3

通过向团队传授驱动力模型的要件，避免术语争论。
通过在管理层简报会上使用驱动力模型和战略文件，向参与者传授规划的组成部分，避免术语争论。

在简报会期间，你应向团队全面介绍战略文件，同时向团队做出一些诠释，如使命与愿景、战略方向与具体目标、策略与行动计划之间的差别。你还要让团队认识到具备目标衡量结果（而非活动）的重要性、关键成功因素的角色，以及将策略应用于最重要成功领域时遇到的障碍。向管理团队传授驱动力模型，并着力于上述关键点，就可表明驱动力模型各要素之间是如何精心结合在一起的。

在我从事的数百个战略规划中，很少遇到术语争论问题。通过我对驱动力模型术语和定义的回顾，参与者都容易接纳。他们一般会发现这些术语易于接受和采纳。有时，团队可以调整一下用词，与他们过去使用的术语相匹配即可。有时候，某个团队可能更改术语来匹配他们曾经使用过的术语。例如，一个团队选择使用“绩效指标”替代“具体目标”一词，使用“活动”替代“战略”一词。其他团队则颠倒了“战略方向”和“具体目标”的含义，使用“具体目标”来表示“战略方向”，而使用“战略方向”来表示可量化的特定目标。但即使更改了术语，规划团队成员仍然希望使用驱动力模型中的定义来运用他们的术语。因此，接上一个例子，一个“绩效目标”仍被定义为一个“具体的、可量化的、用于确定任务完成情况的目标”。

赢得对规划流程的认可

描述驱动力模型的术语，有助于避免有关术语方面的争论，但并不足以确保赢得团队对规划流程的认可。在这方面，下一个秘诀将有很大帮助。

秘诀 4　**通过让团队将他们面临的问题与规划过程挂钩，增强团队对驱动力模型的认可度。**

请不要忘记，开启管理层简报会时让你的管理团队确定出组织机构面临的重要问题，然后再审视驱动力模型。此时，你可以回顾管理团队列出的各项问题，并要求团队成员找出在驱动力模型中的哪个地方可以解决他们面临的问题。例如，某些问题将涉及战略方向，而另一些问题则涉及具体目标和关键成功因素。某些问题将通过监控流程得以解决。我发现该流程涵盖了所有或几乎所有的问题。让团队成员发现他们的问题将如何得到解决，有助于增强他们对规划流程的认可和承诺。

确定简报手册信息

回顾规划流程并获得团队的反馈后，你就可以确定出为使规划流程更加富有成效而必须提前收集的简报手册信息。简报手册为规划团队的所有成员提供一个有关组织在各个方面的现状的共识。简报手册包含以下信息：

简报手册的内容

- 客户/利益相关者意见
- 员工意见
- 高管意见
- 行业趋势
- 竞争对手分析
- 组织分析（如财务数据、产品性能、市场分析、此前规划的成效等）

第 4 章更加详细地描述了简报手册的内容以及需用多长时间来创建它。在管理层简报会上，规划团队将定义他们已经掌握了哪些信息以及应该汇编每个领域的哪些信息。此外，规划团队还应确定负责在召开第一次规划会议之前汇编和分发简报手册，并在第一次规划会议上陈述结果的小组成员。规划团队通常应指派一个不同的团队成员，负责介绍简报手册的各个组成部分。

管理层简报会的好处

总而言之，管理层简报会有很多好处。

管理层简报会的好处

你的团队成员将对将要解决的问题达成共识，并完成以下任务：

- 他们将确定应该对标准的规划方法做哪些修改，以确保他们的问题能够得到圆满解决。
- 他们将就一系列战略定义达成一致。
- 他们将确定为使规划流程富有成效而应收集的信息。
- 他们将分配职责，以确保收集了重要信息，并为准备研讨会采取了必要措施。
- 他们通常会增强对规划流程的认可和承诺，并将落实行动。

员工简报会

一旦决定继续执行规划流程后，你可以召开一次员工简报会，以了解员工对将要解决的问题的看法，回顾管理团队商定的方法，确定员工在规划流程中发挥的作用，并让他们了解将要采取的下一步行动。

秘诀 5 利用员工简报会让员工从一开始就参与其中。

在员工简报会期间，确保突出员工参与至关重要过程中的各个地方，如下所示。

驱动模型中的员工参与	• 在规划前的员工简报会，找出问题，回顾规划流程。 • 员工调查，了解员工对企业现状及未来发展方向的看法。 • 规划草拟后的员工简报会，回顾规划，提出意见。 • 员工参与行动计划，简要列出优先发展战略的执行情况。 • 实施期间的季度报告，传达进展情况。

下表概述了典型的员工简报会的议程。

员工简报会议程

目的	简要介绍规划流程，突出员工在其中的作用
产出	员工列出企业面临的各种问题
时长	45 ~ 60 分钟
议程	• 开场 • 确定规划将应对的关键问题（同时指出管理团队确定的其他问题） • 回顾规划方法（驱动力模型） • 确定规划方法如何应对员工提出的各项问题 • 分析员工将如何参与规划流程 • 确定后续步骤

流程

下面总结了管理层简报会流程中的九个步骤。

1	确定关键问题	会议开场后，开始管理层简报会，请规划团队成员确定企业面临的关键问题。
2	审查驱动力模型	让团队对驱动力模型开展互动式审查，突出强调驱动力模型中的关键组成部分，包括使命、愿景、战略方向、具体目标和策略等。

3	将问题与驱动力模型挂钩	完成模型审查后，让规划团队确定规划过程中各个问题将得到应对的方面。这种将问题与驱动力模型相挂钩的过程，有助于确保规划团队认识驱动力模型，以及该模型将如何应对各个问题。通常的结果是获得团队对整个规划流程的完全认可，并期望计划能够实现预期成果。
4	确定赞许和担心之处	请你的团队确定他们对拟定规划流程的赞许以及担心之处，以及为解除这种担心的潜在策略。
5	确定信息需求	讨论为提供一个统一的信息库、确定企业当前现状所必需的信息。该信息将汇编成一个简报手册，并在规划会议召开前分发。
6	制订简报手册编写计划	制定为收集简报手册编写所必需的信息，确定负责实施计划的子团队成员名单。
7	确定后勤保障	确定规划会议的后勤保障（如会议地点、日期和具体时间）及近期后续步骤。
8	确定后勤团队	确定负责后勤保障的子团队成员名单。
9	确定近期后续步骤	确定会议后应开展的步骤、各项步骤的负责人员以及完成各个步骤的最后期限。

质量检查

如果你和你团队的管理简报会进展顺利，你对以下问题的答案都将是肯定的。

质量检查	• 是否确定了该规划应当应对的重大问题？ • 应对这些问题的规划流程是否得到了认可？ • 是否确定了该规划流程中可能存在的问题？是否制定了可能的解决方案？ • 是否确定了编制计划的所有必要步骤？是否妥善分配了职责？

你在管理层简报会中的角色

管理层简报会是规划团队的首要任务。你对规划的态度以及你对驱动力模型的反应可能对其他人的态度产生重大的影响。请考虑以下事项：

领导者的角色	• 在开启简报会时，说明你认为该规划在当前十分重要的原因。 • 事先考虑该规划要应对的问题。如果没有其他人提出这些问题，则将其列入问题清单。 • 表明你对驱动力模型有助于指导规划流程的信心。 • 期望所有团队成员都能出席每次规划会议。考虑如有任何人缺席任何一次会议，都必须获得你的批准。 • 确保各项质量检查符合要求。

第 2 部分 战略方向

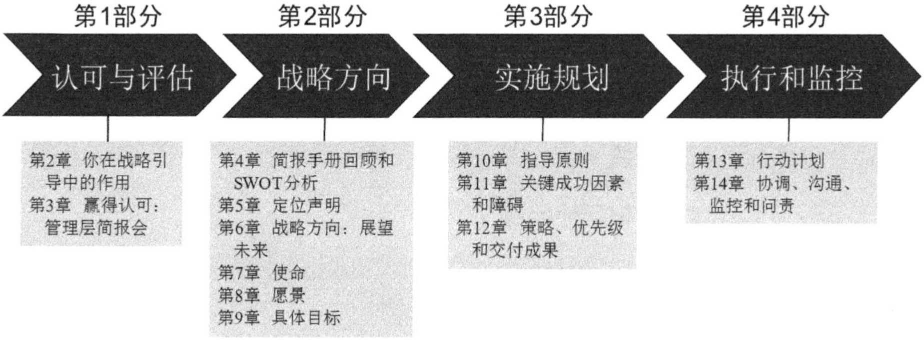
第1部分
认可与评估
第2部分
战略方向
第3部分
实施规划
第4部分
执行和监控
第2章 你在战略引导中的作用
第3章 赢得认可：管理层简报会
第4章 简报手册回顾和SWOT分析
第5章 定位声明
第6章 战略方向：展望未来
第7章 使命
第8章 愿景
第9章 具体目标
第10章 指导原则
第11章 关键成功因素和障碍
第12章 策略、优先级和交付成果
第13章 行动计划
第14章 协调、沟通、监控和问责

第 4 章
简报手册回顾和 SWOT 分析

- 综述：简报手册回顾和 SWOT 分析
- 概述
- 简报手册回顾
- 定义 SWOT
- 流程
- 质量检查
- 你在简报手册回顾和 SWOT 分析中的角色

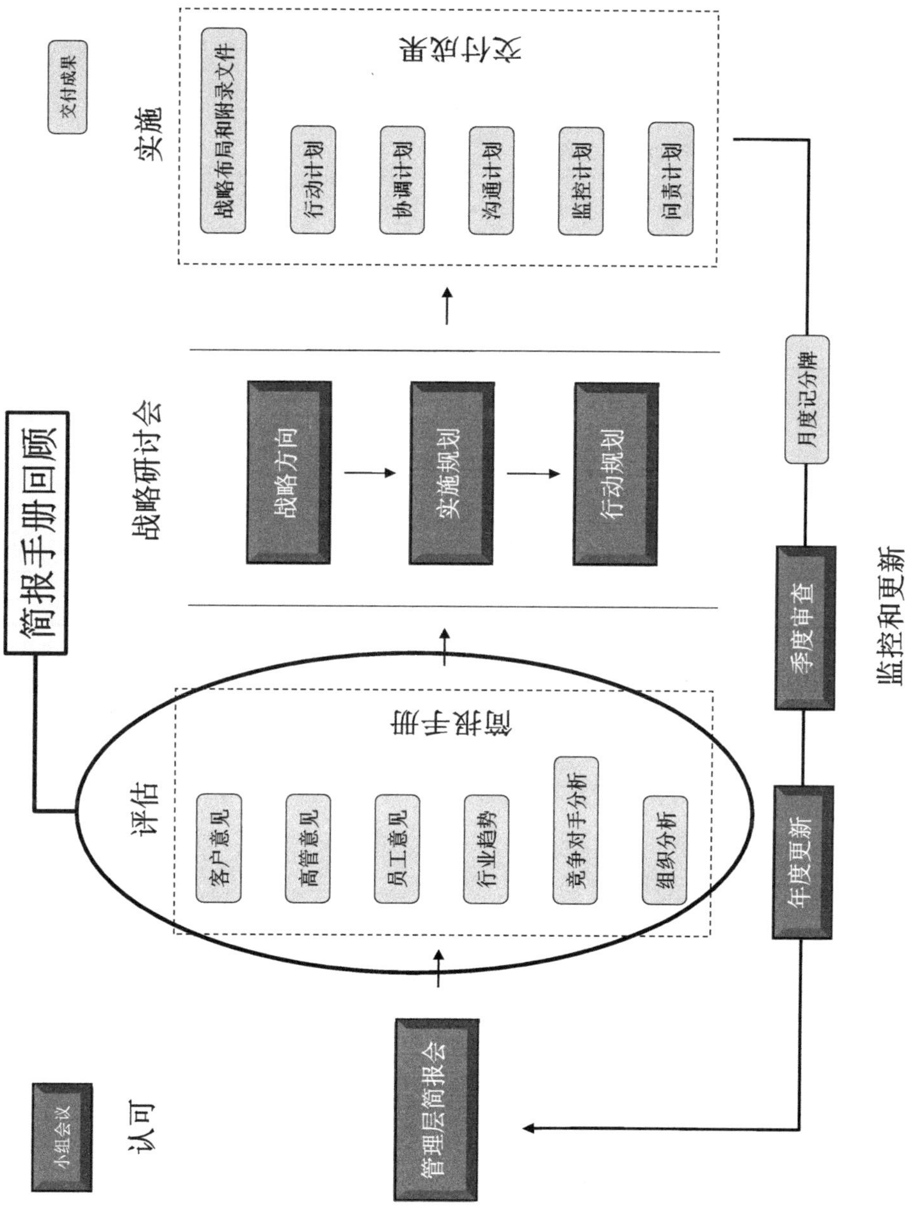
简报手册回顾
小组会议
交付成果
认可
评估
战略研讨会
实施
管理层简报会
客户意见
高管意见
员工意见
行业趋势
竞争对手分析
组织分析
简报手册
战略方向
实施规划
行动规划
战略布局和附录文件
行动计划
协调计划
沟通计划
监控计划
问责计划
交付成果
年度更新
季度审查
月度记分牌
监控和更新

综述：简报手册回顾和 SWOT 分析

定义	简报手册从多视角记录对当前形势的评估。团队将评估情况汇总到定义组织的优势、劣势、机会和威胁的 SWOT 分析报告之中 优势：有利的内部条件 劣势：不利的内部条件 机会：有利的外部可能性 威胁：不利的外部可能性

范例	优势	我们的工作人员经验丰富，有助于我们快速识别问题，提出可行的解决方案
	劣势	资源有限，制约向新市场的扩张
	机会	在相关行业的表现优异者可带来合资伙伴，将专业能力引入新市场
	威胁	大型组织机构强势部门新的竞争可能会动摇我们的客户基础

成功策略

- 针对简报手册的每个部分，事先分配一名规划团队成员，提供 4~8 分钟的综述
- 在规划会议期间，简报手册某个部分陈述之后，安排规划团队成员分小组活动，确定主要观察点和潜在策略
- 向规划团队传授 SWOT 每个要素的定义
- 使用分组会议，对优势、劣势、机会和威胁进行定义
- 开展质量检查

质量检查

- 简报手册是否包含与规划相关的所有关键观点，包括客户观点、员工观点、高管观点、竞争对手分析、行业趋势和组织分析？
- 规划团队是否已回顾简报手册，以确定主要观察点和潜在策略？
- 从简报手册回顾获得的信息是否已汇总到 SWOT 分析之中？
- SWOT 分析是否涵盖每个部分的最重要事项？
- 优势、劣势、机会和威胁是否确定了其属性和影响？

概述

在首次战略会议之前，你的团队成员将负责编制简报手册，并在首次会议上使用。以下附表列明了常规简报手册的内容。

简报手册内容

客户意见

来源：调查、焦点小组或访谈

- 我们在哪些方面做得好？
- 我们在哪些方面可以做得更好？
- 有哪些需求我们没有满足？
- 将来有哪些需求我们可以满足？

高管意见

来源：访谈

- 我们在哪些方面做得好？
- 我们在哪些方面可以做得更好？
- 组织的发展方向是什么？
- 我们如何与该方向更好地保持一致？

员工意见

来源：调查、焦点小组

- 我们在哪些方面做得好？
- 我们在哪些方面可以做得更好？
- 我们在满足客户需求方面做得如何？
- 我们在满足员工需求方面做得如何？
- 我们如何构建强大的内部组织？
- 我们可以采取什么举措帮助你更好地开展工作？

行业趋势

来源：调研、访谈

- 我们需要了解哪些行业状况？
- 商业模式有哪些？
- 其他人发现成功的哪些因素是我们需要考虑的？

竞争对手分析

来源：调研、访谈

- 我们的竞争对手表现如何？
- 相对于主要竞争对手，我们的优势和劣势是什么？
- 竞争对手所做的哪些事情是我们需要考虑的？
- 我们能从他们的错误中吸取什么教训？

组织分析

来源：文件回顾

- 组织结构、主要职能和活动。
- 收入、预算、员工和职工人数趋势。
- 产品、市场和渠道分析。
- 对照先前规划的业绩完成情况。

编制简报手册需要多长时间？这要视情况而定。很多大型公司要求编制相关文件的时间最多为两个月。小型组织和许多非营利性机构的时间仅为数日。为什么差异这么大？其主要原因是：信息来源以及先前已经编制了多少内容，决定了所需时间的长短。具体见下表。

简报手册	两月版	一周版
客户意见	开展客户调查和焦点小组	汇编现有的客户满意度数据
员工意见	开展员工调查	汇编现有的员工满意度数据
高管意见	开展一对一访谈	无建议
行业趋势	编纂有关主要行业方向的行业简报	记载整理从管理团队获取的现有信息
竞争对手分析	编纂主要竞争对手的简报；确定优劣势和可能的方向	记载整理从管理团队获取的现有信息
组织分析	编制有关主要财务、运营指标的趋势数据，记载整理当前组织结构和功能，提供对各项产品和市场的分析	编制有关主要财务、运营指标的趋势数据

一般而言，简报手册越全面，就越便于规划团队准确评估当前形势，识别优势、劣势、机会和威胁，制定未来的可行战略。但同时，因时间或资源有限，不允许进行全面

评估。因此，我建议采用最适应组织需求和局限性的举措。

战略研讨会

在编纂并发行简报手册之后，规划团队应举行旨在制定规划的一系列引导会议。经典的驱动力模型包含四次会议。

四个常规引导会议

会议 1：规划团队回答两个问题：

- 我们的现状如何？
- 我们今后的发展目标是什么？

会议 2：规划团队解决其他两个问题：

- 我们如何实现该目标？
- 我们如何监控进展情况？

会议 3：规划团队与员工共同审查计划，并开始制订行动计划。

会议 4：规划团队审查和批准行动计划，并启动实施。

如第 1 章所述，对于常规组织来说，前两次会议分别为时两天，后两次会议分别为时一天。但对于小型组织机构来说，前两次会议分别在一天之内完成的情况也很正常。

首次会议的议程如下所示。本章重点讨论专栏内的事项——简报手册回顾以及优势、劣势、机会和威胁（SWOT）分析。

首次会议议程

A. 会议开场

- 欢迎辞
- 会议目标和交付成果
- 避免陷阱
- 拟定议程
- 基本规则

B. 我们的现状如何？

- 回顾简报手册，记载主要观察点和潜在策略
- 定义 SWOT

C. 我们今后的发展目标是什么？

- 愿景
- 战略方向
- 使命
- 具体目标

D. 回顾和结束

简报手册回顾

简报手册回顾的宗旨是向规划团队的每位成员提供有关组织机构当前现状的共识，并确定战略流程应涵盖的关键要点。这涉及下一个引导战略秘诀。

秘诀 6

在回顾现状时，让规划团队成员确定主要观察点和解决问题的潜在策略。这些潜在策略将成为连接过去和未来的桥梁，并将在之后进行的驱动力模型的战略开发流程期间得到考虑。

对于简报手册的每个部分，你将安排规划团队的每位成员提供十分钟的该部分信息综述。在每次陈述完毕之后，参与者将分小组活动，确定主要观察点和潜在策略。

简报手册回顾有什么成果？

主要观察点	潜在策略
你需要所有团队成员在开展规划时牢记的简报手册信息	团队可能要做的事情，特别是在对主要观察点做出回应时。 格式：动词+宾语+目的

你应该将主要观察点视为你希望全体团队成员在你和团队开展规划时应当记住的信息。潜在策略是你的团队可能要做的事情，特别是在对主要观察点做出回应时。我将其称为“潜在”策略，是因为要到规划流程后期，你才会确定你是否会从事这些活动。

潜在策略的另一要点：它们的格式应当采用一种特别的方式。一项策略具备三个要件：动词、宾语和目的。例如，潜在的策略可能是：“实行垂直营销策略以增加收入。”

这种“动词+宾语+目的”的格式以行为动词（实行）开头，说明采取的行为（垂直营销策略），并解释目的（增加收入）。

定义 SWOT

如果你以前开展过 SWOT（优势、劣势、机会和威胁）分析，你可能会发现驱动力模型法与以往方法有所不同。首先，我们来看常规 SWOT 分析的定义。

常规 SWOT 分析的定义

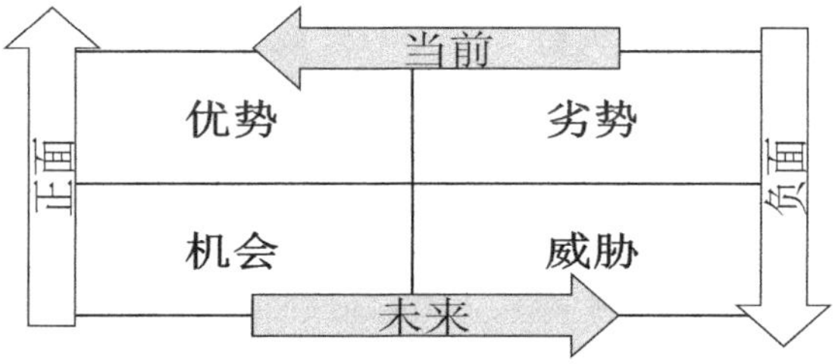

在常规 SWOT 分析中，优势和机会是正面的，而劣势和威胁是负面的；并且优势和劣势是现在时，而机会和威胁是将来时。但是如果以这种方式定义 SWOT 要素，可能会导致在我们克服劣势时，机会清单主要由已取得的优势构成。而如果我们失去优势，威胁往往会成为一系列后果。

常规 SWOT 分析范本

优势	劣势
• 工作人员经验丰富 • 客户基础忠诚度高 • 老牌产品实力雄厚	• 对新产品关注度低 • 某些领域近三年的增幅很小
机会	**威胁**
• 为客户打造新产品 • 业绩不佳的领域转型	• 人员流失到竞争对手 • 客户流失

SWOT 分析的驱动力模型法

传统的 SWOT 方法中缺失的是内外部因素。对于更强大的 SWOT 分析来说，SWOT 应确定内外部因素及其当前或潜在的影响。

因此，驱动力模型建议采取下列方法。

驱动力模型 SWOT 定义

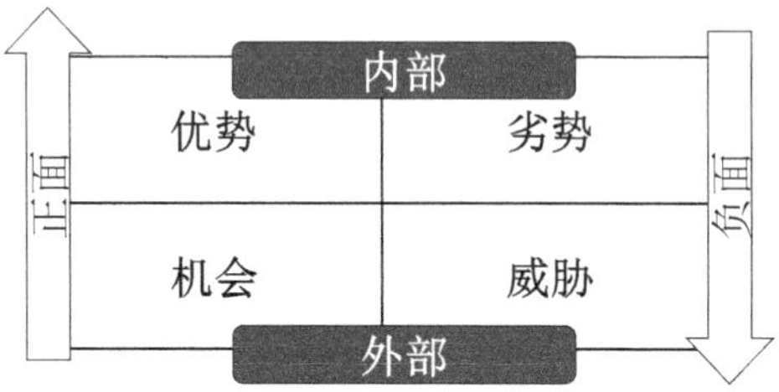

驱动力模型 **SWOT** 定义要点	• 内部因素陈述，无论是当前的还是未来的，如果是正面的就是优势，如果是负面的就是劣势。 • 外部因素陈述，无论是当前的或未来的，如果是正面的就是机会，如果是负面的就是威胁。

属性和影响

驱动力模型法与传统的 SWOT 分析方式存在巨大差异。在传统的 SWOT 实例中，优势包括工作人员经验丰富、客户忠诚度高和传统产品实力强大。在驱动力模型中，这些并不是优势——而只是组织的属性。

驱动力模型要求优势既要有属性，也要有影响。因此，“经验丰富的工作人员”只是个属性。要使它成为优势，可以用这样的措辞：“我们的工作人员经验丰富，有助于我们快速发现问题，并提出有效的解决办法。”这样，它就成了优势，因为它既有属性（我们经验丰富的工作人员），也有影响（有能力快速发现问题并提出有效的解决办法）。这种“属性加影响”规则也适用于劣势、机会和威胁。

怎样将优势的措辞描述为属性和影响	传统 SWOT	驱动力模型 SWOT
	优势 • 工作人员经验丰富 • 客户基础忠诚度高 • 老牌产品实力雄厚	优势 • 我们的工作人员经验丰富，有助于我们快速发现问题，并提出有效的解决办法。 • 我们的客户忠诚率高，保证回头客和推荐率高。 • 我们的老牌产品实力雄厚，为每年的收入稳定增长奠定了基础。

界定属性和影响为什么具有重要意义？为了明确内容，突出重心。例如，有人可能会说：我们的优势是工作人员经验丰富，并且认为优势的影响（如上所述）：有助于我们快速发现问题，并提出有效的解决办法。但是，团队其他人可能会说：拥有经验丰富工作人员的影响是有助于我们轻易招聘到其他员工。对于影响是什么，其他人可能看法不同。如果我们不清楚影响是什么，我们可能会实施错误的策略来加强我们的优势或者克服我们的劣势。利用机会或减少威胁也是同样目的。这涉及下一个秘诀。

秘诀 7　**你的 SWOT 分析应确定你的优势、劣势、机会和威胁的属性和影响，以聚焦和阐明如何实现上述各项的最大化或最小化。**

为了便于维持机会和威胁的外部聚焦度，每次陈述应从外部条件开始，然后提出对组织的影响。以下表格采用驱动力模型法，提供了有关定义 SWOT 的完整观点。

采用驱动力模型法的 SWOT 分析举例

优势	劣势
• 我们的工作人员经验丰富，有助于我们快速发现问题，并提出有效解决办法 • 我们的客户基础忠诚度高，保证较高的回头客和推荐率 • 我们的老牌产品实力雄厚，为每年的收入稳定增长奠定了基础	• 如果老牌产品优势下滑，缺乏对新产品的聚焦可能对未来收入产生威胁 • 某些领域最近三年的增幅很小，导致更加难以实现我们的增长目标

续表

机会	威胁
• 公众对网购的认可，提供了一个低成本/高利润销售模式的机会 • 在当前的经济形势下，我们能够将老牌产品定位于应对形势的武器	• 两家实行低价的新竞争对手快速取得市场成功，可能导致更多的新对手进入，从而给我们带来更大的价格压力

SWOT 对规划产生什么影响

SWOT 分析仅仅是一种学术练习吗？相关信息可用于规划其他环节使用的信息吗？如下图所示，在规划活动中，SWOT 的确有用武之地。优势和机会经常被称为策略。劣势和威胁经常被称为障碍。

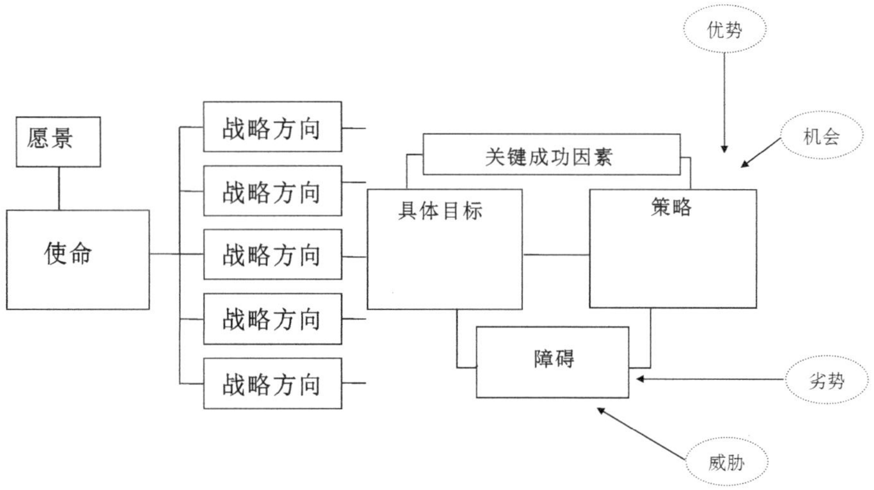

流程

在回顾简报手册和编制 SWOT 分析报告时，采取下列步骤：

1	分配陈述任务	针对简报手册的每个部分，事先分配一名规划团队成员，提供 4～8 分钟的综述。安排不同人员进行陈述，有助于增加对规划活动的认可度和责任感。

2	确定主要观察点和潜在策略	在规划会议期间，有关简报手册某个部分的陈述之后，安排规划团队成员分小组活动，以确定主要观察点和潜在策略。潜在策略将在之后的战略制定期间予以考虑。潜在的策略应按“动词+宾语+目标”的格式记录。
3	介绍 SWOT	向规划团队传授 SWOT 每个要素的知识。
4	定义 SWOT	使用分组会议，对优势、劣势、机会和威胁进行定义。
5	开展质量检查	开展一次质量检查。

质量检查

如果你和你的团队已经妥善实行了简报手册回顾并开展了 SWOT 分析，你将能对下列所有问题做出肯定回答。

质量检查

- 简报手册是否包含与规划有关的所有关键观点，包括客户观点、员工观点、高管观点、竞争对手分析、行业趋势和组织分析？
- 规划团队是否对简报手册进行了回顾，以确定主要观察点和潜在策略？
- 从简报手册回顾获得的信息是否汇总到 SWOT 分析之中？
- 分析是否涵盖每个部分的最重要事项？
- 优势、劣势、机会和威胁是否都确定了属性和影响？

你在简报手册回顾和 SWOT 分析中的角色

在简报手册回顾和 SWOT 分析期间，你将需要确定：团队正聚焦于最关键要素。考虑下列各项：

领导者的角色	• 进行确认，以确保投入充足的时间和资源收集、汇总简报手册信息。 • 确保在首次规划会议前一周发送简报手册，以便规划团队成员有时间对其进行回顾，并准备意见。 • 确保分配到每个简报手册课题的人员准备对该部分进行 4～8 分钟的综述。 • 在会议期间，确保将潜在策略记录在案，并采用“动词+宾语+目标”的格式。 • 在会议之前，考虑你认为应当作为 SWOT 要素被纳入的事项。如他人没有提及，应提出这些事项。 • 确保会议达到质量检查的要求。

第 5 章 定位声明

- 综述：定位声明
- 概述
- 竞争性定位
- 流程
- 质量检查
- 你在定位声明中的角色

战略规划文件示例摘录

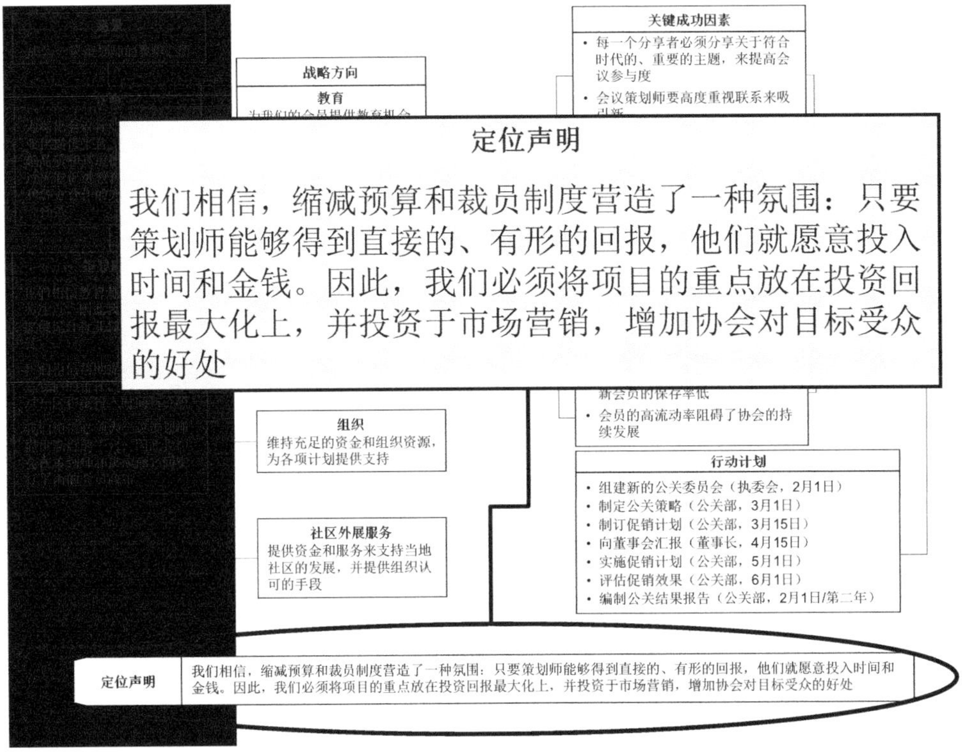
关键成功因素
• 每一个分享者必须分享关于符合时代的、重要的主题，来提高会议参与度
• 会议策划师要高度重视联系来吸
战略方向
教育
定位声明
我们相信，缩减预算和裁员制度营造了一种氛围：只要策划师能够得到直接的、有形的回报，他们就愿意投入时间和金钱。因此，我们必须将项目的重点放在投资回报最大化上，并投资于市场营销，增加协会对目标受众的好处
• 会员的高流动率阻碍了协会的持续发展
组织
维持充足的资金和组织资源，为各项计划提供支持
社区外展服务
提供资金和服务来支持当地社区的发展，并提供组织认可的手段
行动计划
• 组建新的公关委员会（执委会，2月1日）
• 制定公关策略（公关部，3月1日）
• 制订促销计划（公关部，3月15日）
• 向董事会汇报（董事长，4月15日）
• 实施促销计划（公关部，5月1日）
• 评估促销效果（公关部，6月1日）
• 编制公关结果报告（公关部，2月1日/第二年）
定位声明
我们相信，缩减预算和裁员制度营造了一种氛围：只要策划师能够得到直接的、有形的回报，他们就愿意投入时间和金钱。因此，我们必须将项目的重点放在投资回报最大化上，并投资于市场营销，增加协会对目标受众的好处

综述：定位声明

定义	关于组织机构的方向和重心的总体决定
范例	• 我们相信，第三世界国家产品质量的提升将导致照明产品零售价格面临下行压力。因此，我们必须寻求海外产品供货渠道，并且长期打造我们自己的国际生产能力

成功策略

- 传授有关定位声明和定位战略的知识
- 制定你当前和未来的定位策略
- 确定定位声明的相关领域
- 确定对趋势做出响应的策略
- 设置定位声明的格式
- 开展质量检查

质量检查

- 针对那些对未来成功至关重要的关键外部趋势，是否制定了定位声明？
- 是否设置了每个定位声明的格式，以确定信念以及按照信念采取的行动，如“我们相信……因此，我们必须……”？

概述

在开发驱动力模型初期，客户要求我们对可能影响其业务的外部趋势开展广泛调查。会议中，当我们回顾调查结果时可以看到趋势变化已经非常明显，它必须对规划工作发挥指导作用，而不是提供信息。本质上，我意识到，我们使用 SWOT 流程的传统方式，其力度并不足以使其成为有效工具。

在该会议期间，我们首次创立了战略性定位声明，这是我目前在规划工作中经常使用的方法。这些声明列明了组织的未来总体方向，结构如下：

定位声明格式	“我们相信……（趋势）。因此，我们必须……（定位）”

“我们相信”部分描述了在组织外部发生的重要趋势。“因此，我们必须”部分描述了组织机构必须如何进行自我定位，以对该重要趋势做出有效响应。在某些情况下，定位声明是一个或多个战略。在其他情况下，定位声明是组织机构必须实现的综合目标。

定位声明范本

- 我们相信，竞争的加剧要求提升效率，增加市场支出的收益。因此，我们必须为所有产品线开发一体化客户数据库，为快速实施瞄准每位客户具体需求的举措奠定基础。
- 我们相信，对资源责任的要求将会提高。因此，我们必须投资建立完善的信息系统，明确识别我们应负的责任，并能够明确传达所使用资源的公共健康影响。
- 我们相信，第三世界产品质量的提升将导致对灯具产品零售价格下行压力加速。因此，我们必须寻求海外产品供货渠道，并且长期打造我们自己的国际生产能力。

定位声明通常回答一个或多个下列问题：

定位声明回答的问题	• 我们将如何取胜？ • 我们将如何进行面向未来的自我定位？ • 鉴于外部环境的形势，我们必须做出什么响应，才能取得长期、持续的成功？

久而久之，我发现，在帮助团队考虑方向大转变的问题方面，定位声明比 SWOT 分析要有用得多。当然，如果时间允许，你既可以使用 SWOT 分析，也可以使用定位声明。但是，如果你所在组织机构因行业、竞争、产品性能或市场变化而面临重大变革，我建议使用定位声明，而不要使用 SWOT 分析，以更加有力地突出重点。

竞争性定位

在制订计划过程中，组织机构经常会暂停下来而考虑下面的问题：“我们如何从竞争中脱颖而出？”该问题的答案经常会导致定位战略的制定。

迈克尔·特里西（Michael Treacy）在其著作《市场领导者的修炼》（*The Discipline*

of Market Leaders）中，界定了三个主要的定位战略。他发现，世界上最优秀的组织，尽管至少三者兼备，但是它们以其中一个最为突出，也是成功的秘诀所在。本人在战略开发工作的基础上，增加了第一个定位战略（营销优势）。

定位战略

卓越运营	通过卓越运营取胜的组织开展经营活动，向来比他人更快速、成本更低、更加有效。他们对运营精益求精，完全满足客户要求。他们始终传递价值。 范例：沃尔玛、联邦快递和麦当劳
产品领先	索尼、3M 和雷克萨斯的共同点是什么？它们力争将自己定位为产品领导者。他们力求打造优于他人的产品。例如，索尼率先推出"随身听""随身看"，甚至 betamax（当然，不可能样样成功——尽管 beta 仍然是专业视频领域受追捧的技术）。但是产品领导者总是领先一步将优秀产品推向市场，无一例外。 范例：索尼、3M 和雷克萨斯
客户亲密	这些组织机构力争通过比他人更深入了解客户，并将这种了解转换为竞争优势，从而大获全胜。在劣质服务铺天盖地的领域，只有那些不间断提供优质客户服务的组织机构，才能脱颖而出。 范例：丽思卡尔顿、诺德斯特龙和亚马逊网站
市场营销优势	可口可乐、耐克和微软的情况如何呢？它们是第四个定位战略的代表。它们都面对拥有市场主导和更高运营效率的竞争对手。这些组织也并不具备特别强有力的客户服务。但是它们拥有市场优势。它们对产品的定位在客户中深入人心，优于所有其他组织，因此常胜不败。 范例：可口可乐、耐克和微软

你可采用这四个定位战略，帮助你的团队理解当下如何在市场中胜出，以及将来需要以何种方式取胜。这涉及我们的下一个秘诀。

秘诀 8　在确定定位声明时，你需要通过确定组织机构的现状及未来的目标，对四个基本定位战略进行考虑。

流程

制定定位声明的流程包括下列步骤：

1	向团队传授有关定位声明和定位战略的知识	在完成简报手册回顾和 SWOT 分析之后（或者如果仅发表定位声明，而不进行 SWOT 分析，则仅需完成简报手册回顾），向规划团队传授定位声明和定位战略的知识。
2	制定现有和未来的定位战略	让团队识别：四个基本定位战略中，哪个代表了组织当前运营的方式，以及哪个定位战略最能体现其将来的运营方式。
3	确定定位声明的领域	在制定未来定位战略之后，下一个步骤是确定定位声明的领域。让我们回顾一下，定位声明由两部分组成：外部趋势（“我们相信”）和拟定行动（“因此，我们必须”）。一般而言，编制定位声明有两个方法。第一个方法是将从简报手册回顾和 SWOT 分析中获得的最重要外部趋势作为定位声明领域的基础。另一个方法是确定我们认为必须采取的关键行动，然后确定需要采取该行动的外部环境状况。
4	确定对趋势做出响应的战略	在确定关键趋势之后，下一个步骤是对策略进行讨论，以应对这些趋势。对于定位声明，策略仅需采用“动词+宾语”格式，而无须包含“目标”，因为该要素已经涵盖在定位声明的“我们相信”部分。
5	设置定位声明格式	在确定趋势和策略之后，现在你可以编制将两者合为一体的定位声明。趋势将在声明的“我们相信”部分使用，而策略将出现在声明的“因此，我们必须”部分之中。
6	开展质量检查	定位声明流程的最后一个步骤是对每个质量检查项目进行回顾，以确保达到所有的质量检查要求。

质量检查

如果你和你的团队已经制定了合适的定位声明，你将能对下列每个问题回答“是”。

质量检查	• 是否已经针对未来成功的关键外部趋势，制定了定位声明？ • 是否设置了每个定位声明的格式，以识别信念以及按照信念采取的行动，如“我们相信……因此，我们必须……”？

你在定位声明中的角色

定位声明旨在明确战略重点领域，设定整个战略计划的框架。作为团队领导，你在定位声明制定流程中的角色是积极参与讨论，而不是凌驾于小组之上，并确保定位声明涵盖所有关键领域。考虑以下要素：

领导者的角色	• 通过实例让团队充分理解定位声明是设计计划的框架。 • 不让团队陷入对当前定位战略的争论之中，力争对将来定位战略达成充分一致。 • 确保识别最重要的趋势，用于定位声明的制定。 • 确保定位声明达到质量检查的要求。

第 6 章
战略方向：展望未来

- 综述：战略方向
- 为什么要将战略方向放在首位
- 概述
- 战略方向陈述范本
- 流程
- 质量检查
- 你在制定战略方向方面的角色
- 战略方向陈述扩展清单

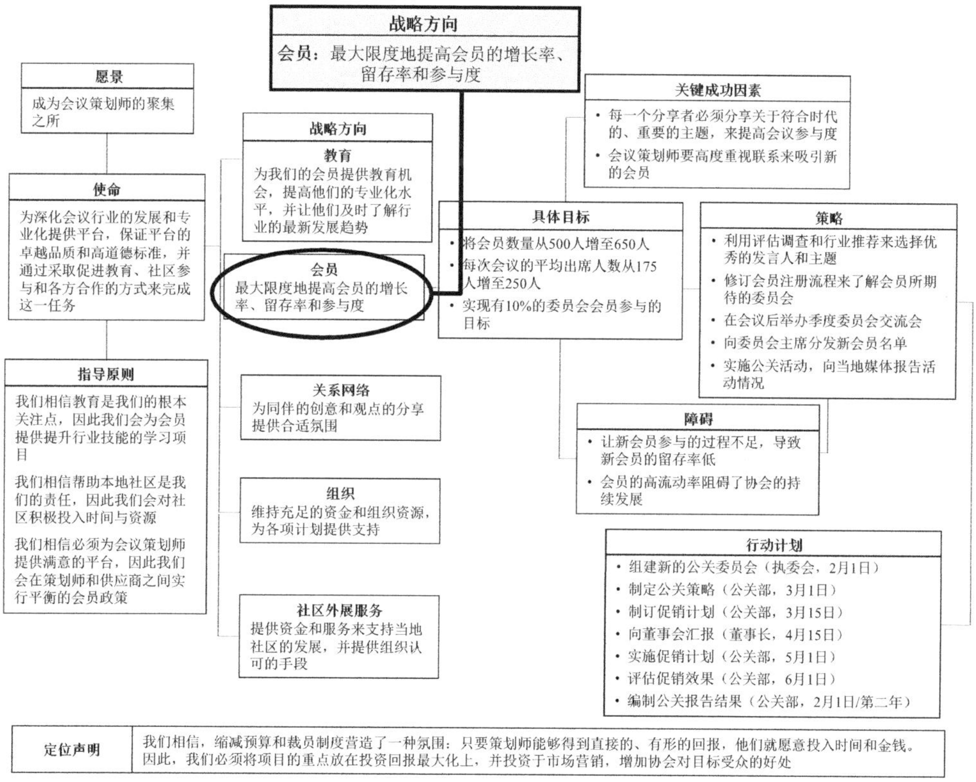
战略方向
会员：最大限度地提高会员的增长率、留存率和参与度
愿景
成为会议策划师的聚集之所
使命
为深化会议行业的发展和专业化提供平台，保证平台的卓越品质和高道德标准，并通过采取促进教育、社区参与和各方合作的方式来完成这一任务
指导原则
我们相信教育是我们的根本关注点，因此我们会为会员提供提升行业技能的学习项目
我们相信帮助本地社区是我们的责任，因此我们会对社区积极投入时间与资源
我们相信必须为会议策划师提供满意的平台，因此我们会在策划师和供应商之间实行平衡的会员政策
战略方向
教育
为我们的会员提供教育机会，提高他们的专业化水平，并让他们及时了解行业的最新发展趋势
会员
最大限度地提高会员的增长率、留存率和参与度
关系网络
为同伴的创意和观点的分享提供合适氛围
组织
维持充足的资金和组织资源，为各项计划提供支持
社区外展服务
提供资金和服务来支持当地社区的发展，并提供组织认可的手段
关键成功因素
• 每一个分享者必须分享关于符合时代的、重要的主题，来提高会议参与度
• 会议策划师要高度重视联系来吸引新的会员
具体目标
• 将会员数量从500人增至650人
• 每次会议的平均出席人数从175人增至250人
• 实现有10%的委员会会员参与的目标
策略
• 利用评估调查和行业推荐来选择优秀的发言人和主题
• 修订会员注册流程来了解会员所期待的委员会
• 在会议后举办季度委员会交流会
• 向委员会主席分发新会员名单
• 实施公关活动，向当地媒体报告活动情况
障碍
• 让新会员参与的过程不足，导致新会员的留存率低
• 会员的高流动率阻碍了协会的持续发展
行动计划
• 组建新的公关委员会（执委会，2月1日）
• 制定公关策略（公关部，3月1日）
• 制订促销计划（公关部，3月15日）
• 向董事会汇报（董事长，4月15日）
• 实施促销计划（公关部，5月1日）
• 评估促销效果（公关部，6月1日）
• 编制公关报告结果（公关部，2月1日/第二年）
定位声明
我们相信，缩减预算和裁员制度营造了一种氛围：只要策划师能够得到直接的、有形的回报，他们就愿意投入时间和金钱。因此，我们必须将项目的重点放在投资回报最大化上，并投资于市场营销，增加协会对目标受众的好处

综述：战略方向

定义	界定使命完成情况的宽泛的、长期的目标

范例	增长：收入增长和盈利能力增长最大化 项目：提供能够改善生活的具有成本效益比的关怀性项目 倡导：为儿童进行宣传和动员 品牌：最大限度地提高我们的品牌意识，以推动业务成效 企业文化：提供与我们的使命和指导原则相一致的、能够吸引和留住员工的有帮助的职业环境

成功策略

- 使用愿景展望练习让参与者想象至少在未来十年后取得的成功
- 团队协作：让大家描述他们的愿景并列出共同的愿景元素
- 回顾每个小组的远景展望项目
- 找出各组之间共同的或重要的主题（而不是数量或时间框架）
- 对共同主题进行归类总结，以保证每个小组的愿景展望结果中的各个点都包含在一个或一个以上的共同关键主题当中
- 回顾这些主题，决定是否对其进行合并或者拆分，从而更恰当地表达企业的方向（一般来说，战略方向的数量越少越好）
- 在对方向达成一致后，询问所有人："用什么来描述我们在这个方向中的意图呢？"通过这个问题最终定义战略方向，使用愿景展望练习中的愿景元素作为指导
- 对战略方向开展质量检查

质量检查

- 总体来讲，战略方向是否代表了企业战略重点的所有关键区域？
- 战略方向是否不少于三个但不超过八个？
- 对于每个战略方向，团队是否提供了一个能够充分阐释该战略方向的整体目标的简短描述？
- 战略方向描述是否具有全局性并且以"非限定性"动词开头？
- 该描述中是否未包含特定数量或时间框架并且避免了描述如何完成战略方向？
- 如果企业实现并且只实现了这些战略方向，组织最有可能完成它的使命吗？

为什么要将战略方向放在首位

关于驱动力模型，让人们往往感到惊讶的一件事是战略组成部分的开发顺序。大多数战略流程都是先创建愿景和使命陈述，然后才创建战略方向陈述。而事实上，当审视驱动力模型战略文件时，你会发现，文件中的三个元素（愿景、使命和战略方向）的顺序只支持传统的做法。

但是，你将看到，驱动力模型流程将帮助你的团队展望未来十年后的场景。从该愿景展望练习中，团队将获得可用于创建愿景和使命陈述的组件。然而，相比这样做，驱动力模型将使你的团队利用这些信息来发现能够更好地知会使命和愿景描述的战略方向。作为引导专家，我们发现，若使用该愿景展望方法以及战略方向、使命和愿景定义顺序，则团队更富成效，能够创建更强有力的使命和愿景陈述，并且会更快、更深层地达成共识。

如果你习惯于传统的方法（使命和愿景的创建先于战略方向的创建），我只是希望你在这接下来的三章保持一种开放的心态。因为在这三章里，你将看到驱动力模型会带领你的团队依次创建战略方向、使命和愿景。

概述

你如何帮助你的团队定义企业的战略方向？你可以把团队集中在一起进行讨论。但我们的经验是，很多时间可能会浪费在争论某些东西是否应该是一个战略方向。当然，你可以不经过讨论就直接决定战略方向是什么。然而，你不可能获得成功执行该目标所需的认可，更糟糕的是，直到实施失败你可能才会发现这种欠缺。

驱动力模型的目的是同时避免浪费时间的问题和可能缺乏认可的问题。驱动力模型为帮助你的团队通过展望未来的流程“发现”其战略方向提供了一个工具，在下一个秘诀中将会对此进行阐述。

秘诀 9　使用可视化练习来帮助团队确定未来的成功。

为帮助你的团队确定企业的目标，使用可视化练习指导成员展望一个未来 10 年或更长时期的场景。该场景应描绘一个该企业取得了巨大成功的画面。该可视化应该帮助参与者看到取得了什么成就，是如何取得的，以及客户、员工、竞争对手和其他任何重要利益相关者是如何看待该企业的。

接下来是使用会议策划师协会进行愿景展望练习的一个范本。

愿景展望练习范本：会议策划师

设置	想象你自己坐在办公室的办公桌后面。在办公桌上放着每天翻一页的日历，上面显示今天的日期是 5 月 21 日。当你看着这本日历时，它会自动翻页，翻到第二天，即 5 月 22 日。然后它继续翻页，一次又一次。然后，它开始加快翻页速度。你看到 6 月和 7 月一闪而过。你看到翻过 9 月和 10 月。现在到了下一年，然后它翻页速度变得非常快，翻过一年又一年，不断地向后翻，直到它突然停止。再去看这本日历时，你看到上面显示着 20××年 5 月 21 日，离现在已经过去了 10 年。
介绍	想象你从办公桌上抬起头，视线离开办公桌，你发现你已经不在办公桌后面了。你在一个大礼堂的后面，那里坐着一排排的人。在前面，有人正在说哪个人正在宣布奖项。你听着，发现那个讲话的人是国际会议策划师协会的会长，奖项是年度分会奖，奖励给表现杰出并且向其会员充分展现了其价值观、各个分会都应以其为榜样的分会。该会长说：“在我们协会的历史上，从来没有一次像这次这样，评委小组的七位评委一致同意应将该奖项颁发给某一分会。本年度，我很自豪地宣布将该奖项颁发给××分会。”然后大家都站起来热烈鼓掌。你听到一个人大喊：“很棒的选择。”另一人说：“众望所归。”掌声持续了几秒钟。当掌声终于平静下来时，会长笑着说：“我猜你们都很喜欢评委做出的这个选择。下面我将列举一下该分会在过去的几年中所取得的各项成就。”会长开始列举使该分会在该奖项上实至名归的各项成就。倾听会长的发言内容（有 4 秒的停顿时间），进行填空。该分会取得了什么成就？我继续时，你可以睁开你的眼睛，以便进行记录，也可以一直闭着眼睛倾听。

会员怎么说	在舞台的左边和右边的大屏幕上播放了一段视频。你看到一群人围坐成一圈，其中一个人（显然是一位引导师）正在问问题。你仔细去听，你意识到这是一个由该分会的16位会员组成的焦点小组。一位会员开始说，“该分会做得非常好的一件事是……”（停顿）。进行填空。该会员说该分会的什么地方做得非常好？另一位会员介入说，“那非常好，但是真正让这个分会脱颖而出的是……”（停顿）。那个人说了什么？然后，另一位会员说，“我成为会员差不多25年了。可以肯定地说，我们在过去做了一些非常好的事。但在过去10年中，该分会才真正步入正轨。我们开始关注真正重要的三件事。还有什么比……更重要”。进行填空。真正重要的三件事是什么？（停顿） 视频逐渐消失，会长开始继续讲话：“我想请该分会负责人上台来。请大家对××表示热烈欢迎！”当获奖分会的负责人上台时，大家再次起立鼓掌。

我们做了什么	在接受该奖项时，该分会负责人说：“我以前没有看过这个视频，但是那位加入我们25年的老会员说得很对。其实，正是10年前的今天，一群人聚集在一起制订了一项计划，描绘了我们的愿景以及如何实现该愿景。我可以诚实地说，这第一步对于让我们同心协力、专注于同一件事情是非常关键的。” 站在房间的后面，你开始微笑，因为你在10年前参与了该计划会议。你是推动该分会蓬勃发展从而取得这一奖项的团队中的一员。 该分会负责人继续说道：“让我告诉你们，我们所做的其中一点点事情。第一年，虽然有很多问题，但我们不得不首先开始第一件事情。所以，我们做的第一件事就是……”听分会负责人所说的内容。该分会第一年做了什么？（停顿）“我们完成那件事情之后，接下来我们要做的就是……”再次倾听。该分会所做的第二件事情是什么？（停顿）“但是我想说，最重要的事情发生在第三年。这件事情真正加速了我们的发展，并使我们取得了今天你们所看到的成就。在第三年我们……”（停顿）听分会负责人所说的内容。该分会做了什么？（停顿） “所以，最后，”该分会负责人说，“我代表全体会员、员工和我们

我们做了什么	的分会理事会，感谢大家将这个伟大的荣誉授予我们。”当该分会负责人下台，会议结束时，大家再次起立鼓掌。

员工怎么说	当要离开该聚会时，你无意中听到该分会的一群员工的谈话。他们说，他们以前不相信该分会会真正改变，但它确实改变了。他们开始讨论在那里工作的感觉以及这些变化是如何改善了他们的生活。听他们在说什么。在那里工作感觉如何？（停顿）

结束	当回到你的办公桌后，你坐下来，想记录一些你听到的东西。你准备好后，则睁开眼睛（如果你的眼睛是闭着的），花一两分钟写下几个关于你所听到的内容的句子。发言人说了什么？为什么该分会值得这个奖项？取得了什么成果？会员怎么说？分会负责人说是什么带来了这些变化？对于在那里工作，员工怎么说？

可视化练习应该指导参与者展望一个未来 10 年或更多年的场景，使他们想象组织取得的巨大成功。我想强调几个有助于进行可视化练习的策略。

▶ 设计可视化练习的策略

确定奖项以及颁奖人	• 在场景中，你将让参与者想象一个场景，在该场景中，该组织在十年后因所取得的杰出成就而获奖。仔细考虑奖项是什么，应该由谁来给该组织授奖。 • 例如，对于汽车制造商，该奖项可能是由美国汽车协会颁发的年度最佳制造商奖。 • 对于一个政府机构，可能是由总统向提供最高水平服务、有效性和效率的机构授奖。 • 对于服务于一个州的非营利性组织，该奖项可能由州长授予最能体现非营利性组织作用的非营利性组织。 • 对于一个协会，该奖项可能是由美国协会高管学会颁发的年度最佳协会奖。

使用空白和停顿来让参与者创建他们自己的故事	• 在你描述场景时，你将希望创建成功的画面，而不具体阐述成功的内容。 • 为了实现这一点，你在你的场景中留下“空白”，然后每次停顿三四秒钟，让参与者自己在脑海中填写空白。
避免限定性别的措辞	• 由于可视化展望的是未来十年后的场景，你不应该假设授予或获得奖项的人的性别。因此，应避免使用男性或女性人称代词（如他、她、他的、她的）。
涵盖主要领域	场景中一定要涵盖各关键成功领域以及做了什么和取得了什么成就。确保你帮助参与者从多个角度分析成功，考虑在你的场景中设想以下画面： • 客户在谈论该组织机构。 • 员工在谈论该组织机构。 • 竞争对手在谈论该组织机构。 • 该组织机构取得的主要成果。 • 为取得这些成果而采取的行动（如首先做的事、所做的最重要的事情）。

▶ 从可视化到战略方向

可视化练习鼓励团队想象未来十年后取得成功的场景。当人们讨论他们的愿景，并在团队中找出共同的主题或“愿景元素”时，我发现可将个人愿景元素归为几大类别，成为“定义成功的宽泛目标”——本质上是战略方向的定义。因此，通过设想未来十年后的场景，团队能够发现其目标领域。下面的例子显示了个人愿景元素和根据这些元素划分的类别（目标区域）。

类别和愿景元素范本

教育	社交
• 会员对提供的教育项目的数量和类型非常满意 • 90%参加会议策划师预备课程的人通过会议策划师的考试	• 联谊活动具有较高参与率 • 联谊活动被评为协会提供的最重要的服务
专业化	**会员**
• 分会中经认证的会议策划师超过 300 人 • 在广告中，雇主表示他们需要经认证的会议策划师	• 超过 2 500 名会员 • 非常重视会员，因此每年会有 95%或更多的会员保留 • 记录每次会议的出席情况
财务状况	**委员会**
• 有用于支持项目发展的资金 • 预算增加了一倍	• 超过一半的会员积极参与委员会
员工	**社区**
• 增加人员规模，以增加项目的多样性和深度 • 员工工资水平与行业水平相称	• 市长赞赏该组织提供了良好的社区服务 • 超过 25%的餐厅和酒店会员每天通过我们的“力所能及的分享”项目向食物赈济处捐赠未动用过的食物

上面的范本显示了八个类别。通常，我会要求小组回顾各个类别，以查看是否存在重叠，是否其中的一个或多个类别可以与另一个合并。该团队把他们的八个类别缩减为五个战略方向，具体如下：

减少战略方向数量的决定范本

原始清单	决　定	最终战略方向清单
1. 教育	保留，增加 3	A. 教育
2. 社交	保留	B. 社交
3. 专业化	移到 1 当中	C. 会员
4. 会员	保留，增加 7	D. 组织
5. 财务状况	保留	E. 社区

续表

原始清单	决　　定	最终战略方向清单
6. 员工	保留	
7. 委员会	移到 4 当中	
8. 社区	保留	

然后，你将使用个人愿景元素作为参考，让你的团队为每个目标区域创建描述语句。下面显示了为该会议策划师范例中的五个战略方向所创建的战略方向陈述。

战略方向陈述范本

A. 教育目标	为我们的会员提供提高专业水平和随时了解行业发展趋势的机会
B. 社交目标	提供一种与同行交流思想的氛围
C. 会员目标	最大限度地提高会员数量的增长率、留存率和参与度
D. 组织目标	保持足够的资金和组织资源，用于支持项目
E. 社区目标	为支持当地社区提供资金和服务，并为组织机构获得社会认可而提供有效的手段

如何对战略方向进行描述非常重要。准确的措辞，确保能够根据该战略方向制定准确的可量化的具体目标。然而，小组耗费大量的时间来“推敲”用于战略方向陈述的准确语句，往往是没有帮助的。因此，我们建议分组讨论确定最初的语句，然后再集中在一起，让整个小组在有限的时间（如每个战略方向最多 12 分钟）内修改或整理语言。这引向了我们的下一个秘诀。

秘诀 10　使用少数服从多数流程来高效地处理选词问题。

我发现，不同的小组对耗费时间推敲确切措辞的容忍度差异巨大。一般来说，高管团队对“浪费时间推敲措辞”显著缺乏耐心，而工程师和学者团队往往愿意花费更多的时间来“确保我们的话语准确表达出我们的意思”。然而，大多数时候，与我一起工作的小组既包括那些想在这些活动上花费大量时间的人，也包括那些不想在这些活动上花费时间的人。因为他们都一致认为推敲出确切的措辞会浪费非常多的时间，我通常会在会议开始时提出一项基本规则并取得团队的同意，即草稿的完成度达到 85%即可接受。然后，我会使用少数服从多数流程，使大家共同向前推进。

少数服从多数流程在高效处理措辞建议方面效果良好。在这整本书中，我建议使用少数服从多数流程，所以接下来让我们花点时间来详细描述它是如何运作的。下面是对少数服从多数流程的描述。

▶ 少数服从多数流程

介绍基本规则	在会议开场期间，我提出了“100%的覆盖率，85%的完成度”这一基本规则。这项基本规则意味着将覆盖100%的议程。然而，对任何一个议题，假设以战略方向陈述为例，我们达到85%的完成度时，即可宣布胜利。这是因为在完成度达到85%时，我们就可以对概念达成一致。剩下的15%通常只是让我们的措辞完全准确的词语推敲。这最后的15%最好由一个较小的小组在会议之外完成，而不是由一个大组花费10分钟或15分钟讨论是用不定冠词还是定冠词比较准确。
获取所有更改	在得到陈述初稿后，我要求小组对其提出任何修改建议。目标是首先获得所有更改。我用颜色不同于原稿颜色的笔来记录和突出每一个要求的更改。
为更改进行辩护	对于词语更改，我征得小组同意：我们要使用一个帮助我们避免花费大量的时间讨论这些更改。为了更好地进行讨论，我将让想要进行更改的人来为该项更改进行辩护，解释进行更改的合理性。如果没有人为更改进行辩护，则该项更改会被去除，因为显然没有人支持它。
为不进行更改进行辩护	如果有人为更改进行辩护，则我会要求某人为保持措辞原样进行辩护。如果没有人为保持措辞原样进行辩护，该项更改以鼓掌方式通过。

如果有几个备选方案	如果某一陈述有几个备选方案，则我会要求某人为各个备选方案进行辩护，要求某人为保持措辞原样进行辩护。和之前一样，如果没有人为某一备选方案进行辩护，则该备选方案被去除。
补充意见	如果有人为保持措辞原样进行辩护，那么我会要求此人对此发表补充意见。
要求进行表决	在大家发表完所有的意见后，我会要求大家进行表决，并采取少数服从多数原则。就措辞变更的表决将顺应小组的意愿，避免在“咬文嚼字”上花费太多时间。
决胜表决（如需要）	如果有多个备选方案，并且在表决中没有哪个备选方案获得大多数投票，那么会仅保留两个支持人数最多的备选方案，然后重新进行表决。
共识检查	在对措辞做出各项决定之后，我会在继续进行下一步之前，重写陈述，以少数服从多数原则确认我们已经至少达到了 85%的完成度，然后再继续向前推进。

战略方向陈述范本

以下是有关公司、政府机构、非营利组织和会员协会的战略方向范本。这一章的结尾会有一个针对这些类型企业的每个更为完善的战略方向范本清单。请记住，在驱动力模型中，战略方向是宽泛目标，而不是具体的衡量标准。第 9 章所阐述的具体目标提供了具体的成功衡量标准。

▶ 示例：公司的战略方向

增长	在实现盈利目标的同时，优化增长
客户服务	提供卓越的客户体验

产品	提供满足客户需求并且达到我们预期的产品和服务
质量	最大限度地提高各领域的质量和内部效率
文化	吸引、培养和留住参与度高的和胜任力高的团队成员

▶ 示例：政府机构的战略方向

影响	推广活动以降低艾滋病相关死亡和提高生存率
研究和转化	实施、支持和转化高质量的研究，以回答危机预防和政策问题
健康传播	向消费者、供应商和政策制定者提供优质医疗卫生信息，以有助于确保其做出明智的决定
健康监测	确保收集、分析和传播关键监测措施
劳动力	保持一个可促进（培养）员工专业性和发展的环境

▶ 示例：非营利组织的战略方向

倡导	提倡为了儿童，教育和动员其他人也这样做
知名度	被公认为是为儿童带来积极改变的全州领导者
项目	提供能够改善生活的具有成本效益比的关怀性项目
财务状况	维持用于完成使命的资金
组织	吸引和留住高水平的委员会会员、工作人员和志愿者

▶ 示例：协会的战略方向

品牌	被公认为我们行业首屈一指的会员协会
专业发展	为我们的客户提供专业技能和领导技能发展的机会
项目	理解、满足和超越客户的期望
社区参与	向非营利和公共组织贡献我们的个人和集体知识、技能、产品和服务，改善我们的社区
会员管理	增加会员的多样性和参与度
财务和运营	提供不断发展的行政管理服务，确保财务的稳定性和沟通的有效性

流程

制定战略方向的流程包括以下步骤：

1	执行可视化练习	在你的团队回顾简报，并通过 SWOT 分析总结你的现状后，你就可以开始回答这个问题："我们的目标是什么？"在驱动力模型中，从我们的现状移动到我们想要实现的目标的关键工具，是要建立一个策划团队成员能够想象成功具体是什么模样的场景。确保可视化练习包括以下内容： • 客户在谈论该组织机构。 • 员工在谈论该组织机构。 • 竞争对手在谈论该组织机构。 • 该组织机构取得的主要成果。 • 为取得这些成果而采取的行动（如首先做的事、所做的最重要的事情）。
2	使用分组来收集愿景元素	当参与者展望未来十年后的成功时，他们会找出许多不同的个人愿景元素。在可视化练习后，使用分组让大家描述其个人愿景。让小组组长在便利贴上整理出出现在其小组成员愿景中的共同元素和想法。
3	对愿景元素进行归类	在分组练习后，让整个小组回顾每个团队的各愿景元素，并将便利贴放入相应的逻辑类别中。
4	进行适当的合并或拆分，确认战略方向	我发现一个组织通常会有三到八个不同的战略方向。然而，归类练习可能会产生超过八个战略方向或发现各个战略方向表达的想法有相当大的重叠。如果遇到这种情况，让团队根据需要调整战略方向类别，以消除重叠和减少战略方向的数量。

5	确定战略方向陈述的措辞	在确定战略方向类别之后，下一步是定义每个战略方向领域的描述。你让团队在每个战略方向类别中使用单独的便利贴，来帮助定义小组在该战略方向中所要表现的意图。
6	开展质量检查	战略方向制定流程的最后一步是回顾每个质量检查项目，确保战略方向陈述达到标准。

质量检查

如果你和你的团队制定的战略方向质量很高，则你能够对下列问题给出肯定回答：

质量检查

- 总体来讲，战略方向是否代表了企业战略重点的所有关键领域？
- 战略方向是否不少于三个但不超过八个？
- 对于每个战略方向，团队是否提供了一个能够充分阐释该战略方向的整体目标的简短描述？
- 目标描述是否具有全局性并且以“非限定性”动词开头？
- 该描述中是否未包含特定数量或时间框架并且避免了描述如何完成目标？
- 如果企业实现并且只实现了这些目标，企业是否此时最有可能完成自己的使命？

你在制定战略方向方面的角色

战略方向好比一间房屋的地基，制定战略方向就是建立了战略规划其他部分的地基。作为领导，你的角色是确保地基坚固结实。

领导的角色	• 愿景练习是一种帮助你的团队成员发现其战略方向的有力工具。采用前文所述的准则仔细开展计划和实施。 • 如质量检查中所示，必须保证战略方向代表了组织战略所有的关键领域。为确保这一结果，质量检查提出的最后一个问题至关重要：“如果这家企业实现了这些战略方向，但仅仅只实现了这些战略方向，企业是不是最有可能实现它的使命？”如果答案是“否”，那么肯定是某个方面没有做好。 • 可能浪费很多时间来调整战略方向的措辞。保证把内容的讨论和措辞的讨论分开。内容的讨论听上去类似于“我们是不是应该涵盖……方面的东西”，措辞讨论往往听上去像“用这样的措辞更好……”。关于措辞调整的讨论通常不是一种整个团队的时间有价值的使用方式。因此，考虑把这些建议记录下来并继续下一步，让一个较小的团队在会议之外解决措辞问题。 • 确保所有的质量检查达到标准，包括前文所述的前两项检查。

战略方向陈述扩展清单

下列所述的战略方向领域往往来自我所引导的企业、政府、非营利机构、协会的战略规划。你会看到战略方向领域一般有以下不同的名称。例如，“品牌”有时称为品牌知名度、声誉或关注度。你也会看到每个战略方向领域会有多个不同版本的战略方向陈述。

企业战略方向陈述范本

品牌 品牌知名度 声誉 关注度	被公认为国内主导家纺零售商，提供优质的设计
	最大限度提高我们的品牌知名度，推动业务增长
	最大限度提高品牌知名度和品牌价值
	通过我们客户中的杰出代表和道德模范代表来最大限度地提升社区声誉
	加强我们作为公共卫生领域专家在社区中的关注度和声誉
社区 社区参与	回馈我们的社区、客户和行业
	通过公司的努力，促进一种鼓励员工参与的氛围，以此对社区做出贡献

续表

文化	提供一种诚信正直和相互尊重的环境，为促进个人成长提供机会
环境	吸引、发展、留住积极性高并能胜任的团队
人力资本	培养一种创业环境，使人们围绕共同的愿景团结起来，共创成果
人员	培养一个充满活力的企业文化，最大限度发挥员工的潜力
工作环境	促进一种服务、安全和诚信的氛围
客户	提供超出客户期望的解决方案和体验
客户体验	最大限度提高客户的满足感，推动业务的开发
客户关系	最大限度提高客户的满意度和忠诚度
客户服务	建立并维护长期互惠互利的客户关系
	提供不同凡响的客户体验
增长	提高收益、利润和市场份额，最大限度提高对利益相关者带来的价值
增长与收益率	最大限度推动利益相关者的可盈利增长
	实现在目标市场的全球领导力
	作为我们服务的市场领导者，实现持续增长
	优化增长，同时达到盈利目标
卓越运营	不断改善我们的运营效益和效率，使之超出客户的需要
运营效率	通过持续改进，最大限度实现所有关键职能部门的卓越运营
运作	最大限度提高各个运营领域整个供应链的效率
质量	利用充足资源和最新的技术和培训，维护基础设施的高效性
	最大限度提高所有领域的质量和内部效率
产品	提供高质量的创新产品和服务，满足客户需求，实现量化成果
产品与服务	交付的产品价值很高，迫使客户只用该产品
服务	提供专有的、全球供应的产品，为客户提供个性化家居解决方案
	成为创新无线技术研发行业的领导者
	成为专业咨询服务和优质工程设计方面的卓越供应商，向我们的市场合作伙伴提供价值

政府战略方向陈述范本

文化 环境 人力资本 基础设施 劳动力	提供安全健康的环境，促进团队的保留、职业化和增长
	维护一个以使命为中心、科学参与、高效率的积极工作环境
	促进健康、高效率的工作环境，为完成我们的使命做出贡献
影响 成果	加强他人辨别和应对生殖健康和婴儿健康问题的能力
	提供环境信息产品和服务，促成客户采取行动
	改进糖尿病预防性护理和做法，减少糖尿病并发症的风险因素
	推动旨在减少艾滋病相关死亡率的活动，提高患者的生存能力
信息 交流	向客户、供应商和政策制定者提供优质的医疗卫生信息，确保他们能够做出明智的决定
	向客户提供信息，使其能够做出更佳的决定，更好地管理其环境
领导力	成为提供环境信息领域的全球领导者
	在实现糖尿病公共健康影响方面提供变革性的领导力
	优化生殖健康和婴儿健康问题的全球领导者
	培养我们在分析性服务和信息产品方面作为卓越中心的声誉
运营 内部运营 卓越运营 公共健康工作体系	最大限度提高旨在提供及时、相关的信息和服务方面的效率
	最大限度提高能力，完成我们的使命
	建立并维持体系和机构的能力，采取以实证为基础的策略，改善老年人的健康状况
合作伙伴 协作 整合和合伙关系 战略合作伙伴	参与战略合作关系，帮助我们完成使命
	通过多学科调研和有效的合作关系，改进生态系统保护的整合解决方案
	建立并加强合作关系，预防和控制伤害及暴力
项目 产品/成果 公共卫生影响	提供世界一流的信息产品和服务，为环境问题决策提供信息服务
	开发并建立有效的公共卫生预防途径
	提供住房自给自足和个人成长的机遇，以及卓越的客户服务

续表

调查	针对关键的疾病预防和政策问题开展和支持高质量的调查，并将调查结果转化为行动
	定义、开展和推动对生殖健康和婴儿健康问题的公共卫生调查
资源 组织 可靠性和营利性	最大限度增加用于促进组织机构增长和发展的资源
	维护一个自我维系、财力雄厚的组织机构
	确保有充足的组织和财力资源，为老年人综合健康项目提供支持
科学 科学领导力	开展并促进高质量的科学研究
	加强科学基础研究，促进科学在预防与控制伤害和暴力方面的应用
	在开发生态系统保护解决方案方面提供科学领导力
监测 评定和监测 健康监控	提供高质量的数据，并促进数据在监控癌症负担和指导癌症控制规划和政策方面的应用
	在全国、各州（省）、本地等层面促进完整、及时、高质量监测数据的采集和使用
	监控心血管疾病（CVD）的风险因素、效果、政策及环境指标的变化
转化 转化与沟通	将科学技术转化成策略和干预措施，促进生殖健康和婴儿健康
	将预防科学转化成策略和实践

非营利机构战略方向陈述范本

倡导	为儿童进行倡导，教育并动员其他人也做出同样举措
	通过对公共政策的教育和倡导，为低收入个人和家庭的法律需求提供支持
	影响政府和其他领导人来维护、实施和资助对慢性肾病（CKD）和器官移植具有积极影响的政策
品牌 意识 意识/超越 品牌领导力 外部关系 形象	在引导儿童正向转变方面被公认为全州的领导
	将机构定位为无家可归青年人的代言者
	建立社区机构的形象，培养性格、加强身心和精神成长
	成为那些希望对其社区发挥长远影响的人聚集在一起的组织机构

续表

社区 社区参与	提供一个包容性的社区，所有人都能感受到被接纳，并乐于为他人提供服务和接受他人提供的服务
	建立一个具有终生意义的社区和客户关系
文化 员工 人员和志愿者 人才	提供一个良好的组织环境，吸引并留住多元化的高水平董事会成员、员工和志愿者，重点关注使命的规划和实施
	培养一个具有主人翁思想的工作团队，致力于维护在商业道德和卓越方面的最高标准
	招聘、发展和留住合格的人员和志愿者，推进我们使命的完成
	促成一个员工受到赏识、激励和嘉奖的氛围
多样性	体现出我们服务社区的多样性
	维护一个尊重和欣赏多样性的环境
教育	提供创新、高效的教育、项目和服务，满足我们选区居民的需求
	提供各种教育机会，发展人员的技能，促进他们精神的成熟
财务 资金	维持为完成使命所需的资金
	最大限度增加和保障各种资源和业务关系
	最大限度提供资源，提供稳定的财务基础，促进机构的增长
影响	对社区最重要问题产生显著的影响
	促进并最大限度使所有儿童可获得针对各种年龄段的免疫接种服务
	改善个人生命和家庭的生活水平，积极改变社区状况
动员	激励并鼓舞人们做出改变
	动员社区支持公安部门的工作，参与公共安全的维护
运营 卓越运营	运营一个向志愿者和员工提供支持的项目，同时高效满足客户的需求
	促进卓越的治安服务
合作伙伴 志愿者	促进与社区中不同领导和其他组织机构之间的互动和协作关系，支持机构完成其使命
	建立强有力的联盟和各种合作伙伴关系，解决各种社区问题，弥补因种族、阶级、性别和经济差异导致的历史差距
	促进与社区合作伙伴的协作关系，提供连续可获取的优质护理服务

续表

	与公共和私有组织机构相互协作并促进各机构之间的协作，实现健康社区的目标
项目 项目与服务 服务	提供具有成本效益比的关爱项目，提高人们的生活质量
	提供卓越的项目和服务，满足家庭和儿童的需求，重点关注未获得良好服务的家庭和儿童
	在礼拜和传教方面，提供内外部的精神营养、教育和交谊的机会
	提供优质的项目和服务，有效满足客户不断变化的需求

协会战略方向陈述范本

社区 社区服务	通过促进家庭和道德价值观，反对歧视，伸出援助之手，为社区做出贡献
	通过向非营利和公共组织机构贡献我们个人和分会的专门知识、技能、产品和服务，改善社区的状况
	提供资金和服务，支持本地社区的发展，提供对组织机构给予认可的手段
教育 发展	为我们的会员提供发展职业和领导力技能的机会
	为我们的会员提供加强职业发展并随时了解最新行业趋势的机会
	维护组织机构的流程，促进并鼓励领导力发展和继任计划，保障连续性
财务 组织机构	维持充分的财务和组织资源，为项目的实施提供支持
	通过专业协会提供有力的组织架构，维持独立的财务资源，为我们实现战略方向和具体目标提供支持
	提供规划和财务基础设施，确保协会完成其使命
领导力	为制图/通信行业提供领导力，提高我们会员的价值，特别强调职业精神和诚信
	支持将女性律师推选、任命和晋升到领导岗位
会员利益	通过创新性项目向会员提供最大价值
	通过其他行业不可比拟的多种项目向会员提供最大价值
会员资格 顾客 增长	最大限度提高会员的增长率、留存率和参与度
	通过针对客户不断变化的需求和关注点做出响应，了解、满足和超越我们顾客的期望
	提高核心会员的数量，提高收益，增加利润率
	最大限度地提高会员数量、多样性和参与度

续表

交流	提供一种与同行分享理念的氛围
	促进女性律师之间的交流沟通，赢得新客户和实现商业成功
政策	实施改革，解决任何对会员造成不利影响的管制问题
项目	提供并推进旨在提高会员能力、职业水平、相互交流和满意度的项目
	提供行业特定的资源、项目和服务，促进我们会员的成功
	提供多种项目，吸引现有和未来的会员
声誉 专业性 认可度 知名度	通过卓越的专业服务，在全球范围内被公认为酒店餐饮服务业和行业协会中的佼佼者
	被公认为人员发展的首选之地
	推动将会议管理发展为一个富有活力和有价值的职业，重点强调会员的专业认证
	提升律师、法官和法律体系的声誉
	最大限度提升组织机构的形象和影响力

第 7 章 使命

- 综述：使命
- 概述
- 使命陈述范本
- 为什么撰写使命陈述如此具有挑战性
- 驱动力模型
- 流程
- 质量检查
- 你在定义使命中的角色
- 案例研究：在 20 分钟内制定一份使命陈述

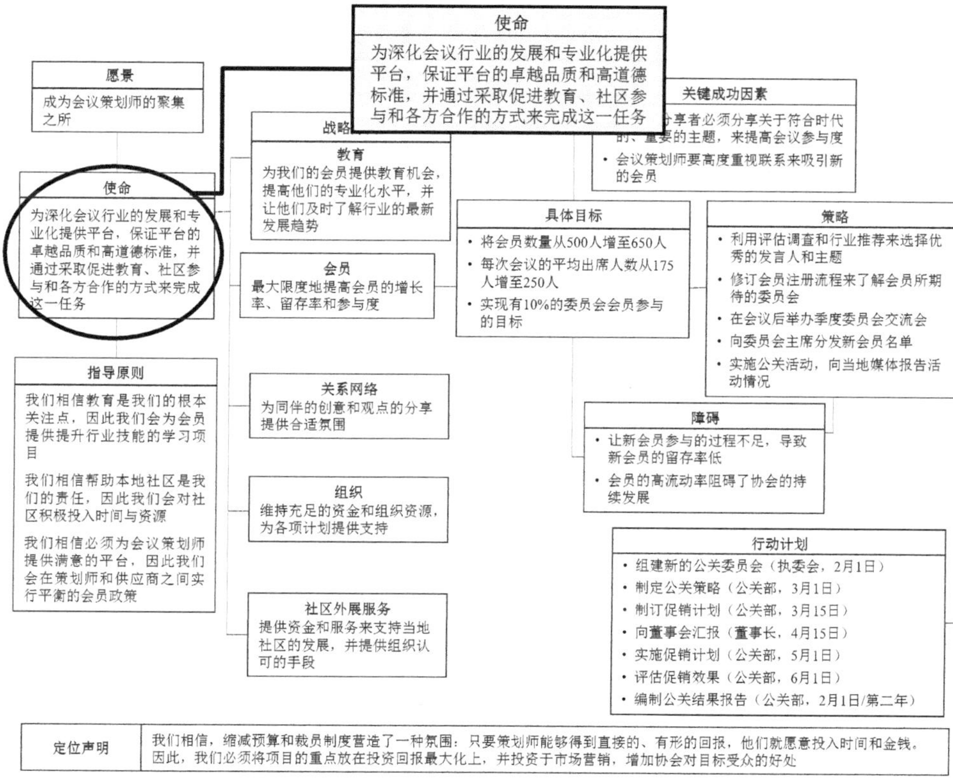
使命
为深化会议行业的发展和专业化提供平台，保证平台的卓越品质和高道德标准，并通过采取促进教育、社区参与和各方合作的方式来完成这一任务
愿景
成为会议策划师的聚集之所
使命
为深化会议行业的发展和专业化提供平台，保证平台的卓越品质和高道德标准，并通过采取促进教育、社区参与和各方合作的方式来完成这一任务
指导原则
我们相信教育是我们的根本关注点，因此我们会为会员提供提升行业技能的学习项目
我们相信帮助本地社区是我们的责任，因此我们会对社区积极投入时间与资源
我们相信必须为会议策划师提供满意的平台，因此我们会在策划师和供应商之间实行平衡的会员政策
战略
教育
为我们的会员提供教育机会，提高他们的专业化水平，并让他们及时了解行业的最新发展趋势
会员
最大限度地提高会员的增长率、留存率和参与度
关系网络
为同伴的创意和观点的分享提供合适氛围
组织
维持充足的资金和组织资源，为各项计划提供支持
社区外展服务
提供资金和服务来支持当地社区的发展，并提供组织认可的手段
关键成功因素
分享者必须分享关于符合时代的、重要的主题，来提高会议参与度
• 会议策划师要高度重视联系来吸引新的会员
具体目标
• 将会员数量从500人增至650人
• 每次会议的平均出席人数从175人增至250人
• 实现有10%的委员会会员参与的目标
策略
• 利用评估调查和行业推荐来选择优秀的发言人和主题
• 修订会员注册流程来了解会员所期待的委员会
• 在会议后举办季度委员会交流会
• 向委员会主席分发新会员名单
• 实施公关活动，向当地媒体报告活动情况
障碍
• 让新会员参与的过程不足，导致新会员的留存率低
• 会员的高流动率阻碍了协会的持续发展
行动计划
• 组建新的公关委员会（执委会，2月1日）
• 制定公关策略（公关部，3月1日）
• 制订促销计划（公关部，3月15日）
• 向董事会汇报（董事长，4月15日）
• 实施促销计划（公关部，5月1日）
• 评估促销效果（公关部，6月1日）
• 编制公关结果报告（公关部，2月1日/第二年）
定位声明
我们相信，缩减预算和裁员制度营造了一种氛围：只要策划师能够得到直接的、有形的回报，他们就愿意投入时间和金钱。因此，我们必须将项目的重点放在投资回报最大化上，并投资于市场营销，增加协会对目标受众的好处

综述：使命

定义	对组织整体目标的陈述，描述做什么、为谁做和有什么好处

范例	• 为推动会展业的增长和专业化提供一个平台 • 为消费者提供高质量、价格实惠的汽车来满足他们的运输需求 • 通过预防和控制疾病、伤残来提升人们的健康与生活质量

成功策略

- 给出这三个使命问题的定义，使用这些问题来回顾其他组织机构的使命陈述
- 确定你做什么、为谁做、有什么好处
- 分组制定备选使命陈述，该陈述内容须涵盖做什么、为谁做以及有什么好处等信息
- 回顾所有的使命陈述并确定每个使命的优势
- 开始时，选择得到最多支持的使命陈述并花几分钟时间与小组进行编辑修改
- 避免整个规划团队在使命的“咬文嚼字”上浪费太多时间。必要时，在整个团队就纳入的观点和大体措辞达成一致后，指派一个执笔委员会敲定初稿以便日后审核和通过
- 对使命陈述进行质量检查

质量检查

- 使命陈述是否总体地描述了做什么、为谁做和有什么好处？
- 使命陈述是否指出了组织机构所服务的行业和市场？
- 使命陈述中是否包含了足够的特征，以确保将该组织机构与同行业中的其他组织机构区别开来？

概述

“我们都知道我们为什么相聚在这里。我们是否的确需要花时间来制定一份使命陈述？”

使命陈述定义了你所在组织机构的总目的。使命应该说明做什么，为谁做，有什么

好处。但是，正如上述问题所指出的，一个组织机构是否的确需要一份使命陈述？

为何需要确定使命

撰写使命陈述的确很费时间。有些组织机构称，他们花了数周乃至数月时间来拟定使命陈述。而且，你在本章中也可以看到，有很多非常成功的组织机构并不具备充分的使命陈述。

因此，有一个使命真的有那么重要吗？你又如何避免花上数周乃至数月时间来在措辞上耗时费力？

在本章后面的内容中，你会看到，用来制定使命陈述的驱动力模型如何在不到 90 分钟的时间里创建大多数使命陈述。但是目前，我们还是来解决更重要的问题：为什么你需要使命陈述？其原因是传达、激励和吸引关注，具体描述如下：

你为什么需要使命陈述	• **简明扼要地传达组织机构是做什么的。** 使命陈述说明组织机构做什么、为谁做以及能够提供什么好处。 • **激励客户、投资者和员工与你共同追求更高的目标。** 通过回答组织机构成立的原因，使命陈述提供了一个手段，吸引其他与你制定的目标保持一致的人。 • **保持对重要事项的关注。** 使命陈述应该从总体上确定组织是做什么的。这一定义相当于一个罗盘，确保所有的活动都沿着其既定方向前进，并帮助组织机构避免采取不相关的行动。

好的使命陈述的组成部分

好的使命陈述具备哪些要素？根据驱动力模型，使命陈述应回答三个特定的问题。

使命问题
• 做什么？
• 为谁做？
• 有什么好处？

除了回答使命问题，使命陈述还应该指出组织机构所服务的行业或市场。一个强有力的使命陈述应包含足够的特征，将该组织机构与同行业中的其他组织机构区别开来。

使命陈述范本

下表提供了各行各业 21 个组织的使命陈述范本。尽管这些使命陈述并未将其组织的使命与同行业中的其他组织的使命完全区别开来，但它们切实指出这些组织所服务的行业，并回答了三个使命问题。

回答了使命问题的使命陈述范本

*本章中引用的使命陈述源自当时作者可以获得的信息，可能没有反映出所引用的组织机构现在的使命。

汽车零件

向我们的分销合作伙伴提供优质的境外品牌汽车部件，满足专业技术客户的需求，提高其境外品牌汽车的销量。（Beck Arnley）

能源

生产、改造、交付和销售能源及能源服务，为我们的客户、员工、社区和投资者创造卓越价值。（杜克能源公司）

工程

我们提供卓越的土木工程服务，满足客户的需求，同时也注重保护脆弱的自然环境。（美国南方土木工程公司）

政府：公共卫生

通过与合作伙伴开展协作，为本县居民及周边社区提供符合当地文化的、质优价廉、综合、便利的保健服务，服务于社区。（美国德卡尔布县卫生委员会）

政府：金融

我们存在的意义在于，为决策者提供可靠的相关信息和服务，推动州政府和当地政府提高责任心，改进管理。（美国佐治亚州审计局）

续表

政府：健康
通过预防和控制疾病、伤残来提升人们的健康与生活质量。（美国疾病控制与预防中心此前的使命陈述）
政府：住宅
提供价格合理的住房，满足我们所服务的人们的需求。（美国德卡尔布县房屋管理局）
政府：交通运输
为我们的客户提供良好的交通运输体验，提高本社区的生活质量。（美国亚特兰大大都市区运输管理局）
医疗保健
致力于关爱生命，提高人们的生活质量，是我们工作的重中之重。本着这一承诺，我们努力为所服务的社区提供质优价廉的医疗保健服务。（美国医院公司）
信息
集世界之信息，为世人所用。（谷歌）
信息技术咨询
利用我们丰富的 IT 经验，提供切实的商业成果，让我们的企业和政府客户受益于先进的技术使用。（美国计算机科学公司）
保险
将强势的战略营销与富有竞争力的价格和优质的产品及服务融为一体，为客户提供最佳的保险价值。（Aflac）
法律
打造满足专业和个人需求的公司环境，提供最优质的法律代表服务，为我们的客户提供合乎职业规范的、专业的服务。（Hall Booth Smith & Slover）
非营利：协会
我们的使命是提供服务、计划和利益，最大限度地发挥协会会员的专业效用，推进本社区的司法管理体系。（美国亚特兰大律师协会）
非营利：民间组织
提高公民在具有公共意义的问题上的影响力，打造有益于现在和未来居民的本地社区。（美国亚特兰大地区公民联盟）

续表

非营利：宗教机构
本教会的使命是通过爱鼓励社区居民培育圣灵，服务于圣灵。（美国布鲁克黑文基督教会）
非营利：服务
实施体现基督教伦理道德和公民原则的项目，构建全民健康体魄。（美国 Butler 街道基督教青年会）
医药
发现、研制和提供创新药物，帮助患者战胜严重疾病。（百时美施贵宝公司）
零售
我们随时提供精良的设计，根据顾客的生活方式和梦想，为他们打造个人家装解决方案。（Storehouse Furniture）
税收服务
我们作为客户的税收和财务合作伙伴，助力客户实现其财务目标。（H&R Block）
交通运输
我们凭借摩托车运动方面的经验，广泛为优选的细分市场中的摩托车手和普通大众提供各种摩托车和名牌产品，满足他们的梦想。（Harley-Davidson）

上述使命陈述很好地回答了使命问题，而下列使命陈述则没做到这一点。下面的这些使命陈述或多或少遗漏了一项使命的关键要素。在这些案例里，不看到公司名称，你就可能无法准确地猜到这是哪个组织机构，更别说其所在行业了。

在这些案例中，有几个组织的使命似乎就是赚钱。虽然增加股东的财富是一个很重要的目标，但此类将为股东盈利作为唯一重心的使命陈述，对于鼓励客户、合作伙伴或员工加盟毫无帮助。使命陈述必须超越经济目标，把重点放在让目标客户受益于所提供的产品或服务上。

没有涵盖使命问题的使命陈述范本*

*本章中引用的使命陈述源自当时作者可以获得的信息，可能没有反映出所引用的组织机构现在的使命。

使命陈述	涵盖与否			
	做什么	为谁做	好处	行业
我们是一个以市场为导向、以流程为中心的企业，负责向我们的客户开发和提供创新解决方案，不断超越我们的竞争对手，为我们的股东带来可预见的收益，并为我们的员工提供一个充满活力而又富有挑战性的工作环境。（Ashland）	是	是	否	否
我们在发展公司、调控资产和适当组织财务状况的同时，将做到为股东盈利，为股东投资增值，进而增加每股盈利、现金流和投资回报。（Cooper Tire & Rubber Company）	否	否	否	否
本公司的主要目标是最大限度地为股东提供长期价值，同时遵守其经营管辖范围内的法律，并随时遵从最高商业伦理标准。（Dean 食品集团）	否	否	否	否
为他人服务：为顾客，打造更美好的生活；为股东，提供超卓的回报；为员工，提供尊重与机遇。（Dollar General Corporation）	否	是	是	否
掌握科技，不断改进推动人类进步的基本要素。（陶氏化学）	是	否	是	否
我们将提供高质量和高价值的品牌产品和服务，提升世界各地消费者的生活水平。（Global Gillette）	是	是	是	否
为我们的顾客提供最优质的产品、服务和解决方案，赢得他们的尊重与忠诚。（惠普）	是	是	是	否
帮助全世界的个人和企业充分发挥自己的潜力。（微软）	否	是	是	否
我们致力于提供最优质的客户服务，传递温暖、友谊、个人自豪感和企业精神。（美国西南航空公司）	否	是	否	否
帮助顾客省钱，让他们生活得更美好。（沃尔玛）	是	是	是	否

另外一些使命陈述回答了使命问题，但措辞过于冗长。这些使命陈述往往很难被人们记住。

措辞冗长的使命陈述范本*

*本章中引用的使命陈述源自当时作者可以获得的信息，可能没有反映出所引用的组织机构现在的使命。

我们的目标是让企业和个人能够应对财务风险。我们针对顾客所面对的具体的、不断变化莫测的财务风险，为他们量身打造保险产品和服务。我们具有让顾客满意的实力，并不断实现卓越的经营业绩，以此为投资者创造价值。（美国金融集团）
成为世界领先的娱乐传媒提供者和生产者。通过我们的品牌组合区分我们的业务内容、服务和产品，寻求发展最具创新、首创精神和利润丰厚的娱乐体验，并将产品遍及世界。（迪士尼公司）
我们的使命是：无论销售什么产品，都经营最好的专营零售业务。由于我们销售的产品是书籍，我们的抱负必须与我们所承诺的、理想的上架的书的数量相一致。说我们的使命独立于所销售的产品而存在，就等于贬低了我们作为书商的荣誉感和重要性。作为图书销售商，我们决心做行业最好的，无论我们的竞争对手规模、背景和意向如何。我们将继续把独有的行业风格和方法带进图书销售行业，这与我们不断发展的抱负相一致。最重要的是，我们希望为我们所服务的社区带来荣誉，为我们的顾客提供宝贵的资源，为我们兢兢业业的图书销售商发展壮大提供一个渠道。为此，我们不仅倾听顾客和图书销售商的意见，也接受他们所在的公司的理念。（Barnes & Noble）
我们将通过专项经营企业提供高增值供应链、运输、企业和相关信息服务，为股东提供良好的经济回报。我们将提供最优质的服务，适应所在的细分市场，满足顾客的需求。联邦快递将努力与员工、合作伙伴和供应商发展互利互惠的关系。在我们所有的业务活动中，安全是我们首先考虑的问题。我们的企业活动将遵循最高的伦理道德和专业标准。（联邦快递）

最后要指出的是，有些使命陈述没有回答这三个问题，这些使命陈述实际上属于愿景陈述，它们回答的是另一个不同的问题，详情参见下一章。

更适合作为愿景陈述的使命陈述范本*

*本章中引用的使命陈述源自当时作者可以获得的信息，可能没有反映出所引用的组织机构现在的使命。

建设最安全、最先进的北美铁路，不懈地帮助客户与员工追求卓越。（CSX 集团）
我们将成为最便捷的零售药房，为顾客所用。（CVS）
人们喜爱我们的服装，信赖我们的公司。我们将销售全球最具吸引力、广为流行的休闲服装。我们将用服装扮靓世界。（Levi Strauss）
为全世界每一位体育爱好者带来灵感和创新。（耐克）

就大部分使命陈述而言，本书中引用的使命陈述“不那么完美”的组织机构目前（或是一度）很成功。因此，好的使命陈述并不是成功所必需的。但是，如果你的使命陈述明确回答了关键问题，就可以用来作为一个关注点和一项做出战略决策的工具。

为什么撰写使命陈述如此具有挑战性

如果你曾经努力制定一份组织机构的使命陈述，就很可能知道这是一种多么折磨人的经历。规划团队往往要花上数天乃至数周或数月的时间，推敲所需的确切的词汇。通常情况下，规划团队里一些人希望使命陈述明确、简洁，而另一些人则希望使命陈述起到激励和启迪的作用，还有一些人希望使命陈述的内容在其有生之年可以实现。还想知道为什么这项任务如此艰难吗？

在分析团队制定使命陈述面临的挑战时，很明显使命陈述流程本身往往是有缺陷的。因为规划团队同时承担了三项不同的任务。

为什么撰写使命陈述如此具有挑战性	规划团队往往设法同时完成三项任务。 • 确定我们的现状如何。 • 确定我们今后的发展目标。 • 用简练的语句描述这些想法。

让制定使命陈述如此艰难的一个原因是你要同时进行三项讨论。一个人重点讨论现状，另一个人展望明天，第三个人专门负责选词。如果你开始制定使命陈述，由于使命撰写中涵盖了不同的对话，因此必须达成共识不但具有挑战性，也很耗费时间。

驱动力模型

驱动力模型将撰写使命陈述的流程分成了三个部分。这就引出了下一个秘诀。

秘诀 11

不要先制定使命陈述。而是要确定我们的现状如何，我们今后的发展目标，然后选择描述这些定义内涵的词汇。

如何完成这项三个部分的流程？

- 首先，你的团队要确定组织机构的现状如何，有哪些关键趋势会影响你们今后取得成功。这项讨论在回顾简报手册时进行。
- 其次，团队要确定今后十年怎样才能算取得成功。通过愿景练习和战略方向陈述来定义成功。
- 最后，团队通过使命陈述讨论，确定其成功的定义对于使命陈述的意义，然后为使命选择合适的词。

对使命陈述的措辞

要完成对使命陈述措辞的任务，我发现你可以首先回答下一个秘诀确定的三个使命问题，这样可以大大减少制定使命陈述所需的时间。

秘诀 12

要制定你的使命陈述，重点回答这三个使命问题：

- 做什么？
- 为谁做？
- 有什么好处？

这三个问题定义了一个好的使命陈述。因此，我首先通过教会团队提出这三个使命问题，来启动使命撰写流程。然后，我让团队回顾其他组织的使命陈述，看看这些组织是如何回答这些问题的。接着，我请团队回答他们所在组织的这几个使命问题。回答完毕，拟定赋予这些答案生命和意义的词语就容易得多了。

以会议策划师协会为例，对这三个使命问题的回答可能如下：

使命问题答案范本

做什么？	教育个人 推动行业发展 让人们相识，建立关系网
为谁做？	会展专业人员、供应商
有什么好处？	个人成长和产业升级

▶ 哪个是首要问题

下一个秘诀是关于使命陈述中答案的排序问题。

秘诀 13　在撰写使命陈述时，可以从做什么开始，也可以从有什么好处开始。

如上所述，使命陈述回答了三个问题：做什么？为谁做？有什么好处？在撰写使命陈述时，你可以从做什么开始，也可以从有什么好处开始。我们再来回顾一下两个使命陈述范本。注意，一个使命陈述是从做什么开始，而另一个使命陈述则是从有什么好处开始。通常情况下，以描述好处开头，可以创建更有说服力的使命陈述。

以"做什么"开头	为推进会展业的增长和专业化程度提供一个平台。
以"有什么好处"开头	通过预防和控制疾病、伤残来提升人们的健康与生活质量。

流程

以下步骤概括了制定使命陈述的驱动力模型流程。

1	传授使命问题	描述三个使命问题，并回顾其他组织机构的使命陈述，看看这些组织机构是如何回答这些问题的，由此启动使命撰写流程。要确保范本中既有说服力的使命陈述，也有不具说服力的使命陈述。
2	确定做什么，为谁做，有什么好处	传授关于使命的问题后，让整个团队回答你所在组织的三个使命问题。对于答案有些争论是很常见的情况。不过，此时就答案完全达成一致有益，但并非必不可少。
3	制定备选使命陈述	接下来，把团队分成小组，拟定备选的使命陈述。我喜欢把团队至少分成三组，但不超过五组，这样可以确保备选使命陈述的多样性，而不是压倒性的选择。
4	回顾使命陈述	分组活动完成后，重新召集整个团队回顾各个使命陈述，从中选择一个使命陈述进行完善，以便采用。在回顾使命陈述时，要求拟定了备选使命陈述的组不发言，其他组仔细分析备选的使命陈述，确定他们是否喜欢这一陈述，改进这一陈述的方法，以及如何将这一陈述与本章后面出现的使命质量检查进行比较。
5	选择一个备选方案进一步完善	完成备选使命陈述的回顾后，可以请团队选择一个备选方案进一步完善。为此，我喜欢让人们投票选出他们认为最佳起点的使命。不过，我给了他们一个限制：他们不能投票给自己。这一指导原则有助于避免两种负面情况：人们拥护自己的作品并投票给自己，哪怕他们看到了更好的作品；人们对其他“背叛”了自己团队的人感到气愤，因此选择了另一个团队的解决方案。

6	编辑备选使命陈述	现在就是进行繁重工作的时候了。当团队就起点达成一致后，下一步就是完善措辞了。为什么这部分较难呢？因为一方面，你试图就概念赢得一致；另一方面，你想让团队就具体的措辞达成一致。 通常情况下，让一个团队就具体措辞达成一致，可能会蜕变成文字创作练习，人们把宝贵的时间花在争论到底用定冠词还是不定冠词最合适上面。这一步骤的目标是就概念达成一致，并就措辞达成一致，而让更小的团队来决定详细的措辞。因此，使用第 6 章中描述的少数服从多数流程来快速就措辞达成一致。
7	进行质量检查	使命撰写流程的最后一步是回顾每个质量检查项目，确保使命陈述满足所有检查项目的要求。

质量检查

如果你和你的团队制定使命陈述的工作做得很好，对下面的每个问题你就都能肯定地回答。

质量检查

- 使命是否总体地描述了你做什么、为谁做和有什么好处？
- 组织机构的使命是否指出了组织机构所服务的行业和市场？
- 使命陈述中是否包含了足够的特征，以确保将该组织机构与同行业中的其他组织机构区别开来？

你在定义使命中的角色

组织机构的使命是计划的核心，因此在思考你的领导者角色时要考虑以下几点：

领导者的角色

- 使命陈述必须很好地代表你所在的组织机构。但是，与此同时，你要避免将你的观点凌驾于团队之上。
- 因此，如果备选使命陈述似乎缺少你认为重要的关键观点，尝试使用提问而非陈述的方式来对团队的想法提出质疑。例如，问"这些陈述对于我们给客户带来的益处是怎么说的"就比说"这些陈述根本没有提到我们能给客户带来的益处"要好。

- 使命陈述是一份将在组织机构内部和外部发表的声明。想一想，董事会成员、客户、供应商和员工会对你们提出的这份使命陈述有何看法。
- 要确保你们的使命陈述满足所有的质量检查要求。

案例研究：在 20 分钟内制定一份使命陈述

使用驱动力模型流程，通常会在 60 ~ 90 分钟内得到一份广泛达成一致意见的使命陈述。但是，在下面的案例研究中，该组织只用了 20 分钟就完成了这项工作。

我曾经与多元化领导力平台（DLF）共事过，他们是一家多元化专业人员的行业协会。DLF 有些会员为各类组织工作，另一些会员则是外部培训师和咨询师。该协会召集了一次多元化专业人员年会，并建立了一个多元化能力素质模型。他们感到他们还没有明确界定其细分市场，因此想制订一项计划，还想着手邀请其他人来加盟。

步骤 1：我们的现状如何？

团队指出了几项优势、可以改进的领域以及有待考虑的潜在战略，包括以下内容：

- 我们有着良好的标准、道德规范和信息。
- 积极认可我们正在重建多元化领域的能力素质与标准，并对协会会员进行培训。
- 没有明确平台为哪些人服务。
- 许多人似乎不了解我们提供哪些服务，或者没有使用过我们提供的服务。
- 对于目前的宣传和教育有需求。
- 根据本行业及其运营方式调整多元化的理念（调整）。要摆脱细枝末节的纠缠，满足实质性的使命。重大的成果可能会有所助益。
- 考虑寻求同业组织对能力素质模型的支持等（包括各渠道的领导者）。

- 考虑就如何培育和贯彻文化能力素质撰写一篇权威性文章。
- 考虑帮助从业人员为应对已经发生变化并且仍在不断变化的人口趋势做好准备。
- 考虑建立一个全国从业人员数据库。

步骤 2：我们想达到怎样的目标？

在引导参与者确定十年后怎样才算成功的展望愿景环节中，参与者确定了 30 多个愿景要素，其中包含了以下要素：

- 多元化内容的来源。
- 从业人员发展的最佳资源。
- 国内公认的能力素质、必不可少的提升领域。
- 将多元化向公认的学科迁移。
- 消除国内外在管理结构上的不平等。
- 提高全世界的包容程度。
- 良好的经济支持。

参与者以这些愿景要素为起点，为协会制定了五个战略方向。

- **信息来源**。提供与跨行业、跨渠道的多元化相关的最先进的、智能化的宣传材料，让具有不同背景和能力的人们都能够轻易获得这些宣传材料。
- **从业人员发展**。为跨渠道的各级多元化从业人员提供有效、安全、持续的学习和进修机会。
- **社会认可**。将多元化领域作为一个公认的学科进行评价和推广。
- **影响**。提倡和宣传多元化在创造有价值的、改变命运的结果方面发挥的作用。
- **组织**。提供足够的组织资源和经济资源，为这一使命提供支持。

步骤 3：我们的使命是什么？

在讨论使命陈述的目的并回顾几个比较有说服力的使命陈述之后，参与者被要求回答 DLF 的三个关键使命问题。一个参与者对于这三个问题给出了如下回答，引导师将他的答案记录在白板架上，以便大家都能看到。

- 做什么？为增长和发展提供一个平台。
- 为谁做？多元化专业人员。
- 有什么好处？认识多元化领域，推动多元化领域的发展。

突然，其中一个参与者大声说："就是它了！这就是我们的使命！就在那里！"

又进行了大约10分钟的讨论之后，其他参与者准备同意和采用以下的使命陈述。

我们的使命
我们为多元化从业人员的成长和发展以及认识和推进多元化领域提供一个平台

第 8 章 愿景

- 综述：愿景
- 概述
- 流程
- 质量检查
- 你在确定愿景中的角色

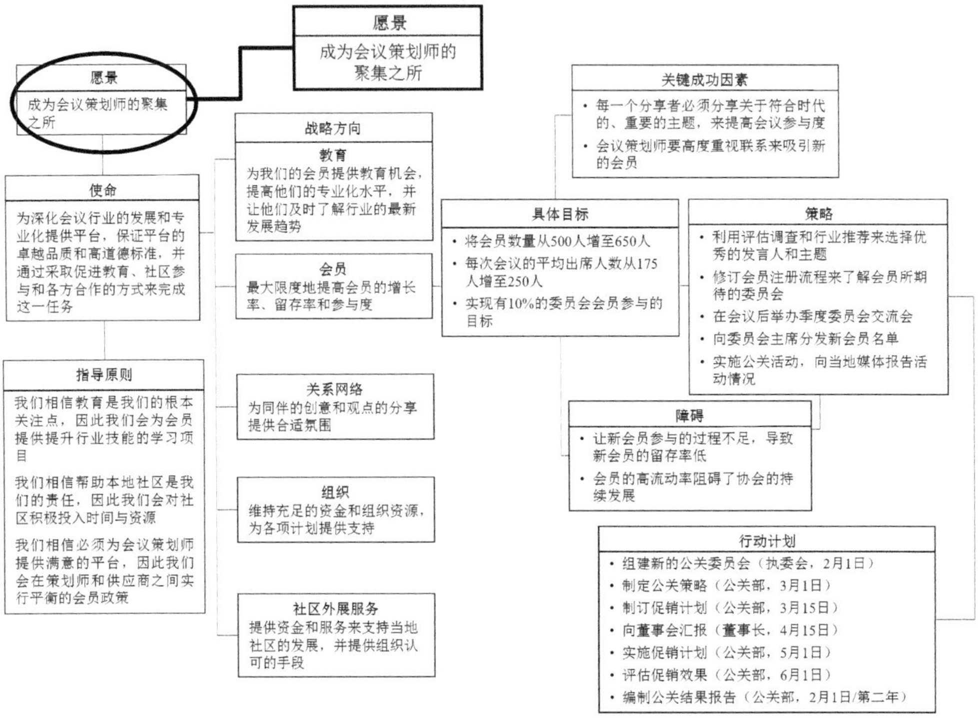

定位声明	我们相信，缩减预算和裁员制度营造了一种氛围：只要策划师能够得到直接的、有形的回报，他们就愿意投入时间和金钱。因此，我们必须将项目的重点放在投资回报最大化上，并投资于市场营销，增加协会对目标受众的好处

综述：愿景

定义	理想的未来的图景——描述了如果企业能够成功实现其使命，未来会是什么样子

范例	愿景可以是描述未来状况的简短声明，也可以是一长段陈述。 • **雅芳**：成为最了解全世界女性需求并满足其在产品、服务和自我实现方面需求的企业。 美国疾病控制与预防中心：健康世界，健康人口。 • **雪佛兰**：在人员、合作伙伴和业绩方面成为全球最受尊崇的能源企业。 • **卡夫食品公司**：帮助世界各地的人们改善饮食和生活状况。 • **美国专业摄影师协会**：专业摄影师的首选协会。 • **美国州立信息技术委员会**：我们希望建立一个将信息技术用于以下目标的州： ▪ 建立一个响应迅速、表现卓越的政府，提供优质服务。 ▪ 促成一个有利于经济发展的环境。 ▪ 提高居民的教育素养和生活水平。

成功策略
• 拟定使命后，审视其他组织的愿景陈述 • 确定可能成为愿景陈述重点部分的关键理念 • 对潜在的愿景陈述展开集体讨论 • 将讨论列表减少至可控的数量 • 为参会者提供游说的机会，阐述他们认为最佳的愿景陈述 • 选出最具吸引力的愿景陈述 • 与使命一样，避免将整个规划团队的时间浪费在对愿景“咬文嚼字”上。如有必要，在整个团队就愿景应包含的理念和总体措辞达成一致后，指派一个编辑润色组确定最终稿，提交进行最后的审核和通过 • 对愿景开展质量检查

质量检查
• 愿景是否代表组织理想的未来状况？ • 愿景仅仅是当前状况的自然延伸，还是跳出原有思维模式后的讨论结果？

概述

在使用驱动力模型的战略文件中，首先是愿景陈述，其次是使命陈述，最后是战略方向陈述。不过，你可能注意到，在制定这些陈述的实际过程中，顺序恰恰相反：首先是战略方向，其次是使命，最后才是愿景。为什么会出现这种情况？正如第 6 章中所述，我发现，如果战略方向先于使命前制定出来，团队的工作效率将显著提高，同时可以制定更好的使命和愿景陈述，取得共识的程度和速度也大大提高。与此同时，你将在本章中看到，一旦使命确定后，你的团队就可以更好地回答有关愿景的关键问题："如果你成功地履行了使命，未来将会是什么状况？"

愿景陈述提供了对团队理想未来状况的憧憬，描述了如果你的组织完成使命后的未来发展状况。下一个秘诀将对愿景陈述的重点部分提供洞见。

秘诀 14 愿景陈述通常描述组织的未来状况或组织未来将受到的影响。

完成使命后，在团队展望组织的未来状况时，通常部分团队成员会将愿景聚焦于组织的未来状况，其他部分成员则会聚焦于组织将受到的影响。以下为范例：

聚焦组织的愿景	聚焦影响的愿景
在员工、合作伙伴和业绩方面成为全球最受尊崇的能源企业	一个没有 HIV 病毒的国家
	帮助世界各地的人们改善饮食和生活状况
专业摄影师的首选协会	健康世界，健康人口

在团队考虑愿景陈述时，有必要让他们意识到聚集组织的愿景陈述和聚焦影响的愿景陈述之间的差异。政府和非营利组织的愿景陈述主要是聚集影响，而企业和贸易协会的愿景陈述通常是聚焦组织。不过，实际情况并非总是如此，以上例子就表明了这一点。

时刻谨记愿景与使命之间的相互关系。使命陈述通常回答"做什么、为谁做、有什么好处"这几个问题。而愿景陈述描述的则是如果你达成使命后组织的未来状况。以下是愿景陈述和使命陈述的范本。

使命陈述—愿景陈述范本*

*本章所列举的使命陈述源自作者当前所获取的信息，可能并不代表所引用组织现有的使命陈述。

使命（做什么？为谁做？有什么好处？）	愿景（我们完成使命后的未来状况）
通过提供成本高效的医疗保健产品和服务，改善人们的生活水平（雅培）	成为世界最佳的医疗保健企业。简言之，我们希望成为若干个“最佳”——最佳的雇主单位、最佳的医疗保健供应商、最佳的商业合作伙伴、最佳的投资商，以及最佳的邻居
我们致力于通过让人们方便地获取安全、成本高效和优质的医疗保健服务，使他们的财务状况免受健康风险的影响，帮助人们实现健康和财务安全性（安泰保险）	我们将成为行业领军者，与医生和医院、雇主、患者、公共部门官员以及其他各方合作，建立一个更强大、更有效的医疗保健体系
为市场提供有价值的、激动人心的通信服务，为股东创造价值，丰富我们客户的个人生活，使其业务更为成功（美国电话电报公司）	成为世界上最受尊崇和最具价值的企业
我们将建立一个有关美容及相关品牌的独特产品组合，力求在质量、创新和价值方面超过我们的竞争对手，提升我们的形象，成为世界各地绝大多数女性青睐的美容企业（雅芳）	成为最了解全世界女性需求并满足其在产品、服务和自我实现方面需求的企业
通过预防和控制疾病、伤残来提升人们的健康与生活质量（美国疾病控制与预防中心）	健康世界，健康人口
让个人投资者能够控制其财务风险，避免付出高昂代价以及与传统的经纪公司发生冲突（嘉信理财）	提供全球最具价值和最具商业道德的金融服务
从身心和精神上让世界重新焕发活力 通过我们的品牌和行动激发人们乐观向上 为社会创造价值，让世界从此不同（可口可乐）	员工（People）：成为一个激励员工将其潜能发挥到极致的卓越工作场所 产品组合（Portfolio）：为世界提供优质饮料品牌组合，预先考虑并满足人们的愿望和需求

续表

使命（做什么？为谁做？有什么好处？）	愿景（我们完成使命后的未来状况）
	合作伙伴（Partners）：培育一个由客户和供应商组成的成功网络，与我们共同创建互利持久的价值 地球（Planet）：成为负责任的公民，通过建立和支持可持续社区，发挥影响 利润（Profit）：最大限度为股东带来长期回报，同时谨记我们自身的责任
利用我们广泛的 IT 经验，创造卓越的业绩，使我们的业内客户和政府从利用先进的技术中受益（美国计算机科学公司）	为你提供的最佳总体解决方案™
我们将提供跨媒体、定制化的必读新闻和信息，同时秉持我们的新闻责任（甘尼特报业）	客户将随时随地以各种形式选择甘尼特的媒体，来满足其新闻和信息需求
我们致力于提供优质的产品和服务，为客户提供卓越的价值，同时我们的员工和商业合作伙伴将分享我们的成功，我们的股东将获得持续、丰厚的投资回报（通用汽车）	我们的愿景是成为交通运输产品及相关服务行业的世界领军者。我们将通过通用汽车人的诚信正直、团队合作和创新精神实现不断改进，赢得客户的青睐
协助我们的会员实现其职业、艺术和人际关系方面的目标，促进公众对摄影这一职业的了解，推动人们将影像创作作为一门艺术、科学和视觉历史记录工具（美国专业摄影师协会）	专业摄影师的首选协会
我们提供卓越的土木工程服务，在满足客户需求的同时考虑到环境的脆弱性（美国南方土木工程师公司）	美国东南部的最佳工程公司
帮助人们控制日常生活中的风险，从意外事件中迅速恢复，并实现其梦想（美国州立农业保险公司）	我们提供的产品和服务成为客户的首选。我们将继续引领保险行业和金融服务领域。我们的客户需求将决定我们的发展路径，而我们的价值观将指引我们前行的方向

续表

使命（做什么？为谁做？有什么好处？）	愿景（我们完成使命后的未来状况）
通过在加拿大建立一个强有力的有关机动车及相关配件的分销网络，有效满足我们批发商会员和客户日益变化的需求，为我们的会员、客户和股东创造经济价值（加拿大 Uni-Select）	成为汽车配件、产品和服务的首选供应商
成为世界领先的娱乐和信息生产商和提供商。利用我们的品牌组合，使我们的内容、服务和消费品与众不同，力求开发出世界最具创意性、创新性和经济效益的娱乐体验及相关产品（华特迪士尼公司）	为人们带来欢乐

流程

如何制定愿景陈述？根据定义，愿景陈述在本质上比使命陈述更为鼓舞人心。因此，驱动力模型使用了一个更有创意的流程来制定愿景陈述。尽管制定愿景的步骤与制定使命的步骤相似，但执行这些步骤的方式截然不同，以下八大活动可以很好地阐明这一点。

1	告知团队愿景的组成部分	开始讨论前，与团队共同回顾愿景的定义以及其他组织的愿景陈述范例。
2	确定可能成为愿景陈述主要内容的关键电子	不要立即对潜在的愿景陈述展开集体讨论，而是让团队确定可用作愿景陈述主要内容的关键点子。首先确定关键点子，有助于为更有效的讨论奠定基础。
3	对潜在的愿景陈述展开集体讨论	在确定好关键点子后，下一步就是让团队对潜在的愿景陈述开展讨论。集体讨论的策略包括： • 书写式头脑风暴，参会者在卡片上写出他们各自的想法。 • 团队讨论，参会者分组生成想法。 • 轮转式讨论，每轮一小组参会者阐述他们的想法。

4	将讨论条目列表减少至可控数量	如果集体讨论形成的条目过多，必须将条目减少至可控数量（2～5 个）便于讨论。为减少条目数量，我首选的方法是与团队合作，让团队确定其前三个选择。
5	为参会者提供针对他们认为最佳的愿景进行游说的机会	我发现，安排一段“精心组织”的游说时间，是达成共识和支持部分卓越想法的一种出色工具，这些想法最初获得的支持率低，但在参会者了解到其优势后可获得很高的支持率。 在游说期间，每位参会者将有 30 秒的时间来向整个团队解释他们支持的一个或多个想法及其支持的原因。参会者可选择好好把握这个机会或放弃这一机会。在与我合作过的许多小组中，所有的参会者都选择把握机会。在第 14 章中你将看到，游说过程还可增强参会者对行动的投入度。
6	进行初次表决	在游说完毕后，团队将准备进行初次表决。我喜欢使用“初次表决”或“第一轮表决”来设定一个期望值，即在初次表决时我们未必需要达成决定。 表决的方法很多，包括举手、匿名投票，以及让参会者将投票贴贴在其首选的条目上面。在这项活动中，我个人更喜欢匿名投票这种方式，可减小参会者受到他人影响的可能性，或减小参会者等到所有其他人投票结束后再投票表决的可能性，这样参会者可以了解到哪些愿景陈述可获得额外的支持。
7	讨论每个余下愿景陈述的优点	一旦将条目列表数量减少后，即让团队审核质量检查清单，然后再讨论余下的愿景陈述的优点和不足。
8	选出最具吸引力的愿景陈述	在终选投票过程中，每个参会者只能就一个愿景陈述选项进行投票。我通常用传统的举手方法来进行投票和选出最终的愿景陈述。

质量检查

如果你和你的团队圆满地完成了制定愿景陈述的工作，你对以下问题的答案都将是肯定的：

质量检查	• 愿景是否代表组织的理想未来状况？ • 愿景仅仅是当前状况的自然延伸，还是跳出原有思维模式后的结果？

你在确定愿景中的角色

当你的团队在讨论各种不同的愿景陈述选项时，你将承担一个特殊的角色，确保达到理想的愿景陈述结果。

领导者的角色	• 与使命陈述一样，愿景陈述也必须很好地代表你的组织的观点。与此同时，你应该避免将你自己的观点强加给整个团队。 • 如果你在进入会议室前心中已有一个明确的愿景陈述，首先将其提出来讨论，请参与者指出其优点和缺点。不过需要谨记的是，如果首先抛出你的想法，可能会对整个团队施加影响，使得部分参会者无法坦率地说出自己的观点。 • 如果你愿意听取不同的观点，应在其他观点都提出后再提出你自己的观点。 • 在你的团队有机会确定不同选项的优点和缺点后，确保增加你认为重要但遗漏掉的优点或缺点。确保在做这项工作的时候，不要表现出对某个或多个选项存在赞同或反对的明显倾向。例如，你可以说："我喜欢第二选项的原因之一，是它确实鼓舞人心，这一点有人已经说过。我认为可能遗漏的一个不足，是我们的客户可能不太明白。"

- 确保你的愿景陈述满足所有质量检查的要求。与使命陈述一样，愿景陈述也必须很好地代表你的组织的观点。与此同时，你应该避免将你自己的观点强加给整个团队。

第 9 章
具体目标

- 综述：具体目标
- 概述
- 具体目标范本
- 如何确保你的具体目标符合 SMART 原则
- 制定具体目标时的详细要点
- 流程
- 质量检查
- 你在制定具体目标中的角色

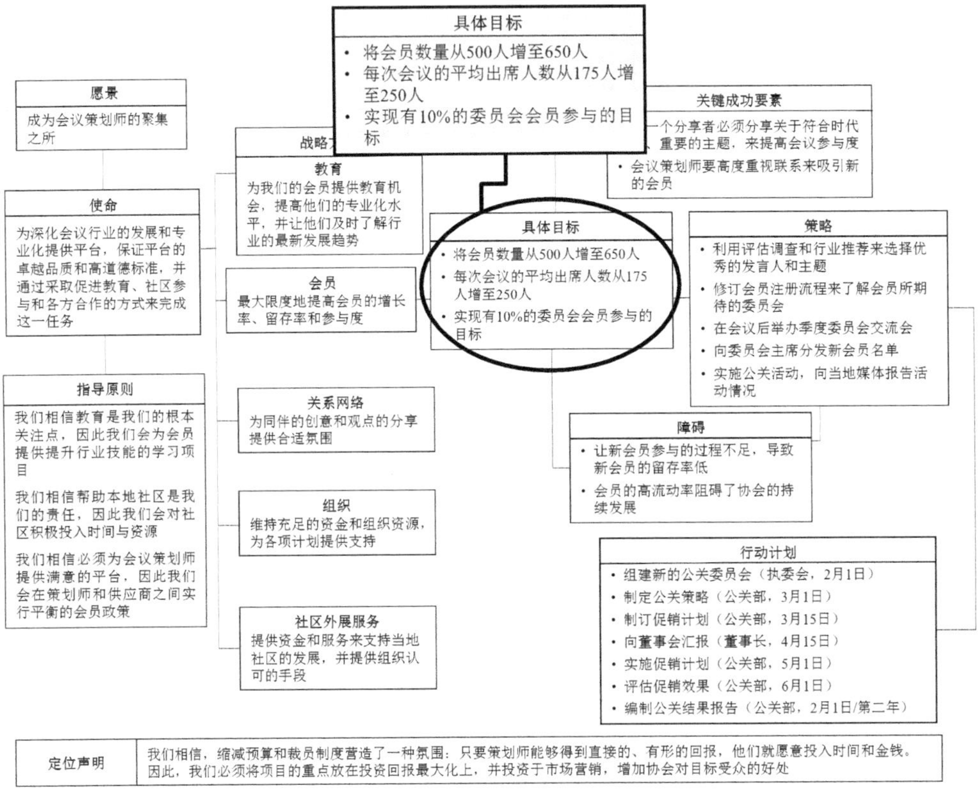
具体目标
• 将会员数量从500人增至650人
• 每次会议的平均出席人数从175人增至250人
• 实现有10%的委员会会员参与的目标
愿景
成为会议策划师的聚集之所
使命
为深化会议行业的发展和专业化提供平台，保证平台的卓越品质和高道德标准，并通过采取促进教育、社区参与和各方合作的方式来完成这一任务
指导原则
我们相信教育是我们的根本关注点，因此我们会为会员提供提升行业技能的学习项目
我们相信帮助本地社区是我们的责任，因此我们会对社区积极投入时间与资源
我们相信必须为会议策划师提供满意的平台，因此我们会在策划师和供应商之间实行平衡的会员政策
战略
教育
为我们的会员提供教育机会，提高他们的专业化水平，并让他们及时了解行业的最新发展趋势
会员
最大限度地提高会员的增长率、留存率和参与度
关系网络
为同伴的创意和观点的分享提供合适氛围
组织
维持充足的资金和组织资源，为各项计划提供支持
社区外展服务
提供资金和服务来支持当地社区的发展，并提供组织认可的手段
关键成功要素
一个分享者必须分享关于符合时代、重要的主题，来提高会议参与度
• 会议策划师要高度重视联系来吸引新的会员
具体目标
• 将会员数量从500人增至650人
• 每次会议的平均出席人数从175人增至250人
• 实现有10%的委员会会员参与的目标
策略
• 利用评估调查和行业推荐来选择优秀的发言人和主题
• 修订会员注册流程来了解会员所期待的委员会
• 在会议后举办季度委员会交流会
• 向委员会主席分发新会员名单
• 实施公关活动，向当地媒体报告活动情况
障碍
• 让新会员参与的过程不足，导致新会员的留存率低
• 会员的高流动率阻碍了协会的持续发展
行动计划
• 组建新的公关委员会（执委会，2月1日）
• 制定公关策略（公关部，3月1日）
• 制订促销计划（公关部，3月15日）
• 向董事会汇报（董事长，4月15日）
• 实施促销计划（公关部，5月1日）
• 评估促销效果（公关部，6月1日）
• 编制公关结果报告（公关部，2月1日/第二年）
定位声明
我们相信，缩减预算和裁员制度营造了一种氛围：只要策划师能够得到直接的、有形的回报，他们就愿意投入时间和金钱。因此，我们必须将项目的重点放在投资回报最大化上，并投资于市场营销，增加协会对目标受众的好处

综述：具体目标

定义	具体的、可量化的、可实现的指标，用于衡量一段时间内战略方向的达成情况

范例	• 每年增加 12%的营收 • 80%的产品实现年度绩效指标 • 将年度客户调查中的客户满意率提高两个百分点 • 每月在目标媒体上至少被提及 10 次

成功策略

- 让你的团队回顾具体目标的定义、质量检查以及制定具体目标的成功策略
- 回顾具体目标的定义后，让团队决定：将目标定为“揽月式”还是“登顶式”
- 确定“衡量尺度”或“衡量标准”。仔细阅读战略方向，并问自己：“每年年底，可以衡量我们成功与否的指标是什么？”
- 确定哪些衡量标准是衡量是否成功实现战略方向的最佳评估指标。大多数战略方向有两个至七个衡量标准。如果有七个以上的衡量标准，确保每个衡量标准用于衡量战略方向的一个重要方面
- 通过确定规划期结束前将要实现的指标，将衡量指标转化为具体目标
- 针对每个具体目标，设定基准和里程碑
- 对具体目标进行质量检查。问自己：“我们是否实现了这些目标？是否只实现了这些目标？我们能否实现这一阶段的战略方向？”
- 指派一个团队在第一次和第二次战略会议之间最终确定具体目标
- 请注意，为了设定合理的、可量化的具体目标，可能需要提议更改战略方向的措辞

质量检查

- 这些具体目标是否符合 SMART 原则，即具体的、可量化的、可实现的、相关的和有时限的？
- 这些具体目标是否衡量结果而非活动？
- 如果这些具体目标都实现了，这一阶段的战略方向能否实现？

概述

制定组织的使命、愿景和战略方向后，就应制定具体目标。这个话题既有好消息也有坏消息。

坏消息是，对于很多团队而言，制定具体目标是规划工作中最困难、最耗时的部分。我喜欢将规划比作登山。刚开始的现状评估和 SWOT 较为简单，制定战略方向、使命和愿景时坡度开始变陡。然而，当抵达具体目标时，你就如同在陡峭的岩壁上攀登，而且似乎没有止境。这个话题极具挑战性，且事关重大，因为人们开始感到他们正在做出将被问责的决定。趋于保守的人和喜欢挑战的人常常剑拔弩张。我曾让某个团队制定具体目标，但他们发现这些目标太具挑战性，不得不半途而废，并取消了整个规划流程。

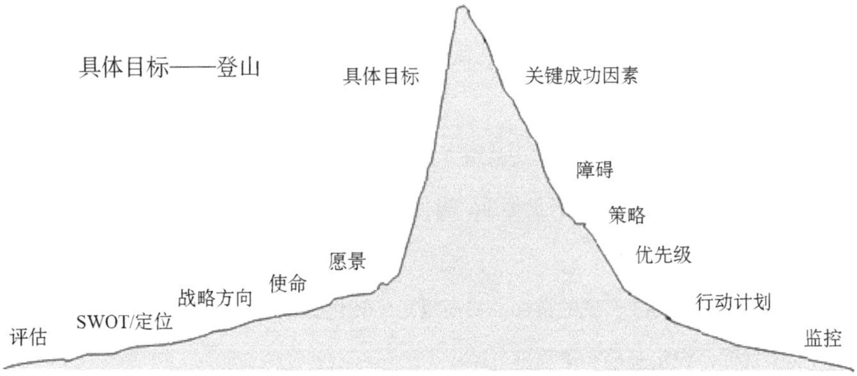

但是，如果你坚持下来，越过山顶和具体目标，好消息就是下山时一路顺风。关键成功因素、障碍、策略、优先级、行动计划和监控将水到渠成。但要到达那一点，你必须翻越具体目标这个“山顶”。

具体目标范本

制定具体目标的工作，要求你为每个战略方向领域设定具体、可量化的指标。以下范本显示了一家手持扫描设备制造商的一组战略方向和具体目标。

具体目标范本：手持扫描设备制造商

增长 优化增长，同时实现盈利目标	• 每年实现 10%的营收增长 • 利润增速等于或高于营收增速 • 三年内将销售总务管理支出从 33%降至 26% • 在第三年前将市场份额增加五个百分点
品牌 被公认为一家产品创新企业，是相关服务市场中值得信赖的权威	• 让 70%的被调查者给我们打 7 分或更高分（满分 10 分），表明他们认为我们是一家产品创新企业 • 让 80%的被调查者给我们打 7 分或更高分（满分 10 分）（最少 500 人），表明他们认为我们是值得信赖的权威
产品 提供可满足客户需求和我们期望的创新产品和服务	• 从已上市三年或更短的产品中实现至少 40%的营收 • 让 70%参与调查的客户表示，我们的产品可满足他们的需求 • 让我们 80%的产品实现它们的营收目标
质量 最大限度提高质量，最大限度提升所有领域的内部效率	• 每年将开箱故障减少 10% • 在第三年前将库存周转率提高 20% • 每年将产品成本降低 8% • 在第三年前将每名员工创造的营收增加 10%
文化 吸引、培养和留住工作积极、称职的团队成员	• 将全球员工的离职率控制在 10%以下 • 让 75%的员工实现他们的年度绩效目标 • 在被问及“你工作有多积极”时，让 75%参与调查的员工给他们打 7 分或更高分（满分 10 分） • 让 75%的员工给他们的职业发展机遇的满意度打 7 分或更高分（满分 10 分）

如何确保你的具体目标符合 SMART 原则

秘诀 15　为明确和便于跟踪起见，请确保你的具体目标符合 SMART 原则，即：具体的、可量化的、可实现的、相关的和有时限的。

针对具体目标的一项重要的质量检查就是 SMART 测试。虽然 SMART 这个缩略词有多种不同的含义，但在驱动力模型中它代表的是“具体的、可量化的、可实现的、相关的和有时限的”。让我们以会议策划师协会的会员战略方向为例，分解一下 SMART 的每个要素的含义。

会员战略方向	最大限度地提高会员的增长率、留存率和参与度

▶ 具体的

如果具体目标不具体，你将无法知道这些目标是否得到了实现。

对于这个会员战略方向，你可能想要制定一个具体目标，例如，“将会员参与度提高 20%”。但是，“参与度”这个词并不具体。你如何知道某个会员何时参与呢？参与的定义是不是他参加了月会？如果是这样，会员要参加多少次会议才能被视为“参与”？参与的定义是什么？是你是一名委员会会员，还是你至少参加一次委员会会议？

不具体	将会员参与度提高 20%。
具体	将至少参加一个委员会 25%数量的会议的会员占比提高至 20%。

请注意，“具体”目标的上述措辞方式以参加委员会会议的会员人数为准，而不是以委员会会员人数为准。

这有什么不同？在第一个例子中，如果某个会员是两个委员会的会员，并参加了两个委员会的至少 25%的会议和活动，这个会员只被计算了一次。

如果具体目标是“将至少参加一个委员会的 25%的会议和官方活动的会员增加 20%”，那么，这个会员就被计算了两次。在这个例子中，具体目标的措辞非常重要。

▶ 可量化的

为了确保你已完成你的指标，具体目标还必须可量化。这一点有两个部分。第一，具体目标应有一个指标测量方法。第二，你必须能够确定目标是否实现。

让我们再次以会员战略方向为例。如果具体目标是“提高至少参加一个委员会的 25%的会议的会员占比”，它是具体的，却未设定指标——提高多少？指标是多少？或者，如果你增加了指标，将具体目标修改为“将至少参加一个委员会 25%数量的会议的会员占比提高至 15%”，却无法测量委员会会议的出席人数，这个具体目标仍然不符合 SMART 的可量化原则。

可实现的

如果某个具体目标无法实现会怎样？我在无数组织中积累的规划经验表明，当人们认为他们的目标无法实现时，他们会感到士气低落，并会投入更少，而非更多。在某些情况下，我看到了被心理学家称为“习得性无助”的现象，即员工会有一种“无论我做什么都无济于事”的感觉。你可以通过确保你的具体目标是可实现的避免这种情绪。

相关的

如第 1 章所述，具体目标必须是战略方向的相关衡量标准，而且这是基于战略方向的措辞。具体目标必须能够衡量你希望看到的改变。

因此，如果你的会员战略方向是最大限度地提高会员的增长率、留存率和参与度，你可能选择用于衡量活动的具体目标，例如，会员招募活动的次数和所创建的委员会的数量。

秘诀 16　**你的具体目标应该衡量结果，而非活动。**

你的具体目标应该衡量增长率（比去年多出的会员的数量）、留存率（从去年保留下来的、今年仍是会员的数量）和参与度（达到参与度指标的会员的数量）。这些指标根据战略方向的措辞衡量结果。

与此类似，如果你的战略方向是最大限度地提高新产品的销售额，“在 12 月之前发布两款新产品”这个具体目标只能衡量你认为能够达成这些结果的活动。在这种情况下，如果你成功完成了这项活动，却没有实现营收，你将实现这个具体目标，但对实现战略方向无济于事。

你的具体目标应该衡量结果，而非活动。衡量实际结果的一个具体目标可能是：“对于已上市的产品，每年实现 50 万美元的产品销售额，而且不少于 3 年。”

为了帮助你注重结果而非活动，在制定具体目标时，应使用“增加、减少、实现、保持”等“目标”动词。这些动词是量化动词。“建立、制定、实施、修订”等“策略”动词注重活动，最适合制定策略。策略动词暗示着一个限定性行动（如“建立”），而非非限定性行动（如“最大限度地提高”）。限定性行动完成后，策略即告完成。

目标动词范本（量化动词）	策略动词范本
增加	建立
减少	制定
实现	实施
保持	打造
拥有	创建

请记住，具体目标基于战略方向措辞。如果会员战略方向是“最大限度地提高会员从协会会员资格获得的价值”，那么相关的衡量标准将会不同。在这种情况下，一个相关的具体目标可能是：“将那些在年度调查中，表明已从协会会员资格获得较高价值的被调查会员的占比提高 10 个百分点。”

另一个具体目标可能是：“将那些在会后月度调查中表示上个月的会议值得他们花时间去参加的平均会员数量增加 25 个。”

请注意，通过使用“会员数量”而非“被调查会员的占比”，第二个具体目标注重两件事：增加参会会员的数量和增加表示值得花时间参会的会员的数量。这可能很重要，因为最大限度提高价值包括为更多会员创造价值，并为会员创造更大价值。

此外，人们经常将 SMART 中“R”等同于“现实的”。在驱动力模型中，现实的已由“可实现的”涵盖，因此，“R”代表非常重要的相关性。

▶ 有时限的

最后，具体目标必须是有时限的。如果你的具体目标没有时限，你如何知道你是否随着时间的推移取得了进步？

- 如果你的具体目标是将至少参加一个委员会 25%数量的会议的会员占比提高至 15%，那么问题就是：“你何时实现这个 15%？”是今年，明年，还是 5 年内？
- 如下所示，驱动力模型使用一张表单为具体目标建立时间表。该表包含一个代表现状的基线、一个代表你希望实现的三年目标和一个用于表示一年后期待达到的进步水平的一年里程碑。

有时限的具体目标范本

战略方向：最大限度地提高会员的增长率、留存率和参与度			
具体目标	基准	第一年	第三年
增加会员数量	500	550	650
实现年度会员留存率目标	65%	70%	75%
增加每次会议的平均出席人数	175	200	250
与参与率达到至少 50%的官方委员会会议/活动为衡量标准，实现会员积极参与委员会的百分比目标	5%	7%	10%

制定具体目标时的详细要点

制定具体目标时，你和你的团队应注意以下要点：

详细要点

- 建立基准。
- “揽月式”和“登顶式”。
- 接近最终衡量标准。
- 修改战略方向陈述。

建立基准

如上一节所述，驱动力模型要求具体目标包含一个基准、一个三年目标和第一年里程碑。以下是建立基准的要点。

- **如果基准已知**，它应为该具体目标前一个财年的衡量值。
- **如果基准未知但可以获得时**，你的团队应该为基准标上“待定”或“未定”。这在战略研讨会上很常见。例如，去年员工的留存率暂时未知，但在会后，可以派专人或专门小组负责收集该信息并汇报给团队其他成员。请注意，在此情况下，最好能推迟设立第一年里程碑和三年目标。在有些情况下，你的团队可能对基准有大致了解，可以选择根据该基准来建立里程碑和目标。例如，第一年里程碑可以设定为比基准高 10%，三年目标可以设为比基准高 25%。

- **如果基准未知且不可获得时**，团队应该为基准标上“不可获得”或“无法获得”。例如，以一次年度调查来衡量提升全体员工士气的目标，如果未在前一年展开调查，就无法获得基准。
- **如果无法获得基准**，团队可以为第一年和第三年设定一个具体目标。因此，你的团队可以选择把第一年里程碑设为“基准”，换言之，在第一年设定一个基准，然后根据该基准设定第三年的目标，如“比基准高 20%”。

“揽月式”与“登顶式”

在设定目标时有两种思路。有人认为：“设一个高山揽月式的目标：尽管目标难以企及，甚至可能不现实，但即便达不到目标，也至少可以登上山顶。”也有人说：“不要设不现实的目标。如果你想达到山顶，就将登顶设为自己的目标，确保能够实现。”

以我们的会员战略方向为例，可以设定以下“揽月式”和“登顶式”的具体目标。

会员战略方向	最大限度地提高会员的增长率、留存率和参与度

“揽月式”的具体目标	“登顶式”的具体目标
第三年会员数量从 500 人增加至 1 000 人	第三年会员数量从 500 人增加至 650 人
实现上一年度 100%的会员留在协会	实现上一年度 85%的会员留在协会
以委员会会议参与率达到 50%为衡量标准，有 75%的会员积极参与委员会	以委员会会议参与率达到 50%为衡量标准有 10%的会员积极参与委员会

你和你的团队应该明确你的具体目标是“揽月式”还是“登顶式”。对此的讨论很重要，因为通常情况下，团队里既有支持“揽月式”也有支持“登顶式”的成员。这种观点上的差异可能导致在规划过程中的许多争议。我建议对此展开讨论，然后做出果断的决策，避免在规划过程中浪费时间。

不管你是采用“揽月式”或“登顶式”理论，都应当确保你的具体目标是一致的，要么全是“揽月式”，要么全是“登顶式”。如果你的具体目标有时是“揽月式”，有时是“登顶式”，就容易让人迷惑，会让人误以为没达到“登顶式”目标也可以接受。

在我公司内部，我们都倾向于“登顶式”的方案。我们设定一个较高但可实现的目标，密切监督和管理目标的实现。但有一个例外，在年收入方面，我们采用了称为“镖靶”法的混合方案。我们为年收入设立了一个“揽月式”的衡量标准，并将其作为靶心。

投中靶心通常非常困难。然后，我们设立了一个“登顶式”的衡量标准，并将其作为镖靶的外沿。我们的最终目标是投中靶心。但只要我们把飞镖投在镖靶上（至少要达到“登顶式”的衡量标准），都是可以接受的成绩。

我建议你在讨论具体目标的初期就提出“揽月式与登顶式”的理念。与少数服从多数原则一样，你可以让整个团队来决定如何处理。

接近最终衡量标准

对有些战略方向而言，实现最终衡量标准的代价太高。以以下战略方向的衡量标准为例：

品牌意识	最大限度地提升对我们品牌和产品的认知。

如果是一个全国性的组织，实现该目标的最终衡量标准可能如下：

标准 1	以一项对所在国国民的综合调查为衡量标准，提高该国认识我们品牌的人口的百分比。

但是，对所在国国民展开调查的成本可能远远超过调查的价值，因此你的团队很可能最终会决定放弃这种方法。为此，该团队可能提出以下建议：

标准 2	增加提交新闻稿的数量。

第二个衡量标准明显是衡量活动而非衡量结果的指标。如果战略方向是为了最大限度地提升对品牌和产品的认知，提交新闻稿的数量根本与此无关。

在上述情况下，最终衡量标准不太现实或代价高昂，我们会让团队尽可能接近这个最终衡量标准。例如，有人提出以下建议：

标准 3	增加发布新闻稿的数量。

第三个衡量标准仍是衡量活动的指标，但的确更靠近最终衡量标准。然而，在当地媒体上发布 12 篇新闻稿，与在国家级媒体上发布的效果截然不同。我们该如何做呢？

标准 4	增加在国家级媒体上有针对性地发布新闻稿的数量。

这个衡量标准仍是一个衡量活动的指标，但更靠近最终衡量标准。可以更近一步吗？

标准 5	以一项国家样本调查为衡量标准，增加所在国认识我们品牌的人口的百分比。

第五个衡量标准，即便是可行的，仍不是最终的衡量标准，但绝对比其他衡量标准更为接近最终标准。关键在于，必须确定战略方向的最终衡量标准。确定之后，如果该衡量标准不现实，可以采用一个尽可能接近的衡量标准。

秘诀 17 **设定的具体目标尽可能接近每个战略方向的最终衡量标准。**

修改战略方向陈述

在本战略文件中，驱动力模型看起来像一个线性的流程。但正如此前所述，我认为驱动力模型是呈螺旋上升的流程。换言之，在进展过程中，你会根据新获取的信息，不断绕回来对其进行调整，在制定战略方向时尤为如此。当你和你的团队完成战略方向陈述草案并开始制定具体目标时，并不表明你完成了战略方向陈述。通常，你会发现你还必须绕回来，对一个或多个战略方向进行调整，使其结果可以衡量或包含一些重要的目的。

例如，如果会员战略方向是“最大限度地增加会员数量”，那么从理论上讲，所有具体目标都必须把重点放在增加会员数量上。但是，如果有人提出以下具体目标，该如何处理？

如果战略方向为……	最大限度地增加会员数量。

可以将此作为具体目标吗？	把保留上一年会员的百分比提高到 75%。

这个具体目标显然不能衡量上述战略方向。也就是说，应该放弃该具体目标。或者说，该具体目标不错，但战略方向的范围太窄了。你怎么知道呢？

有一次我在与战略团队讨论时，有人提出的具体目标不能用来衡量战略方向。当时，我这样问道："既然我们的战略方向是'最大限度地增加会员数量'，那留住会员是衡量会员人数增长的一个标准吗？"当然，提出该具体目标的人可能意识到这个衡量标准与战略方向陈述无关，但可能会坚称这个具体目标很重要。

为解决这个问题，我一般会按以下方式提问：

关键问题	让我问你一个问题，这个问题会帮助你确定留住会员是否应该成为战略方向的一部分。如果在年末或两到三年后，我们实现了会员人数的高增长，但我们留住会员的百分比很低，我们会满意吗？如果你的答案是肯定的，那么留住会员很可能属于关键成功因素。如果你的答案是否定的，我们就应该考虑将留住会员加入战略方向陈述中。

我按这种方式提出问题时，团队可能会发现，他们的会员战略方向未必就仅限于实现会员人数的增长，还包括提高会员的留存率和参与度。团队可能在战略方向制定讨论中未必就了解战略方向的整体范畴，但在开始具体目标的讨论时，缺失的部分会逐渐明朗。请注意规划过程有螺旋上升的特性，随时对完成的工作进行更改和调整。

秘诀 18	如有必要，对战略方向陈述进行更改，以确保战略方向可以衡量并符合初衷。

流程

鉴于具体目标的重要性和复杂性，制定具体目标的流程比此前其他流程需要投入更多的精力。为制定具体目标，需要带领你的团队完成以下步骤：

1	对具体目标制定流程进行培训	由于具体目标是规划中最难的部分，有必要在开始前进行培训。让你的团队对制定具体目标涉及的定义、质量检查和成功策略有所了解。
2	决定“揽月式”还是“登顶式”	在团队成员明确具体目标的定义后，让他们做出决策：目标设定为“揽月式”还是“登顶式”？
3	对第一个战略方向的衡量标准展开讨论	在有关“揽月式”还是“登顶式”的决定做出后，团队需要明确第一个战略方向的具体目标是什么。第一步首先是确定战略方向的“尺度”或“衡量标准”，对战略方向进行审核，提出以下问题：“每年年末，我们怎么知道是否取得成功？我们要采用的主要尺度是什么？在这一步，我们根据尺度希望达到什么目标并不重要，重要的是我们要采用什么尺度？” 我发现，用尺度来比喻衡量标准很管用。按照人们通常的理解，尺度就是衡量标准，而具体目标表示在某个时间我们根据尺度希望达到什么目标。 从会议策划师的角度看，如果他们的会员战略方向是“最大限度地提高会员的增长率、留存率和参与度”，那么衡量成功的标准可能是会员的数量、留住会员的百分比、参加会议或参与委员会的会员数量。
4	选择确定战略方向成功与否的主要衡量标准	在对可能的衡量标准进行讨论后，接着团队要选出主要的衡量标准。大多数战略方向有两到七个具体目标。如果你的衡量标准超过七个，必须确保每个衡量标准可以衡量战略方向的某个重要方面。
5	将衡量标准转化为具体目标	在明确主要衡量标准后，接着要将衡量标准转化为具体目标，确定方向（如增加、减少），明确基准，确定在规划周期（通常为三年）结束时要达到的具体目标，设定第一年里程碑。

6 **分组制定余下的具体目标**

在确定第一个战略方向的具体目标后，我通常会把团队分组，各小组同时为余下的战略方向制定具体目标。采用分组的方法通常会节省时间，也可以让更多的人积极参与规划流程中。

7 **对分组制定的具体目标进行审核和调整**

在分组后，战略团队通常会采用一个汇报流程，由每个组将讨论结果向团队中其他小组进行展示。但是，这种标准汇报流程存在一个问题，那就是通常人们对这种展示不感兴趣。有些小组还在准备他们自己的汇报，有些小组觉得会议室里有这么多人，自己没有义务给予高质量的反馈意见。

多年来，我采用了一种不同的汇报流程，我称之为“轮换活动挂图”。我认为，这种流程非常见效，有助于各小组的工作获得高质量的反馈意见。

在轮换审核过程中，每个小组有 3~5 分钟时间对另一小组的工作进行审核。该小组可以用彩色笔（每个小组用一种颜色的彩色笔）来对每项工作做记号。如果同意，就画“✓”，否则画“×”，然后提出如何改善工作的意见。到规定时间后，小组轮换到另一张挂图，进行相同的流程，同时审核这张挂图其他审核小组的意见。

在轮换到各小组自己的挂图时，他们将看到挂图上有用不同颜色的彩色笔画“✓”的标记，表示这些小组同意他们汇报的工作。他们还会看到挂图上有书面意见、改进建议以及对改进建议表示认可的小组数量。然后，各小组对书面意见进行审核，对是否同意改进意见表态。如果反对改进意见，则整个团队对此意见进行审核，并做出最终的决策。

轮换审核流程让每个小组能从其他小组那里获得有针对性的审核意见。该流程还增强了所有成员的参与度和对工作的荣誉感。令人惊讶的是，轮换审核流程所花的时间与标准汇报流程的时间基本相同！

8	执行质量检查	明确具体目标后，最后一步是对具体目标进行质量检查。需要提醒各小组，有必要对战略方向进行更改，以设定合理的和可量化的具体目标。
9	分派一个小组最终确定具体目标	第一次战略研讨会结束时，会制定出具体目标。但通常情况下，会议室内并没有确定基准和目标的所有信息。因此，需要分派一个小组在第一次和第二次研讨会期间最终确定具体目标。

质量检查

如果你和你团队在制定具体目标时进展顺利，你对以下问题的答案都将是肯定的。

质量检查

- 这些具体目标是否符合 SMART 原则（具体的、可量化的、可实现的、相关的和有时限的）?
- 这些具体目标是不是衡量结果而非活动?
- 如果这些具体目标被实现了，且只有这些具体目标被实现了，就可以达到当前战略方向的要求吗?

你在制定具体目标中的角色

正如本章开篇所述，具体目标的确是制定一个战略规划中最难的任务。如果你的团队成员与我此前合作过的大多数人一样，那么他们在行动中将会遇到很多的困惑。请考虑以下事项：

领导者的角色	• 让他们了解具体目标的难度，不断鼓励团队成员，激发他们的热情，帮助他们完成任务。 • 该战略计划余下的部分将集中在如何实现具体目标。因此，必须确保这些具体目标尽管有难度，但是合理的目标，而且是可以实现的。 • 确保每个具体目标都经过了质量检查，确保所有具体目标的实现可以满足当前战略方向的要求。

第 3 部分　实施规划

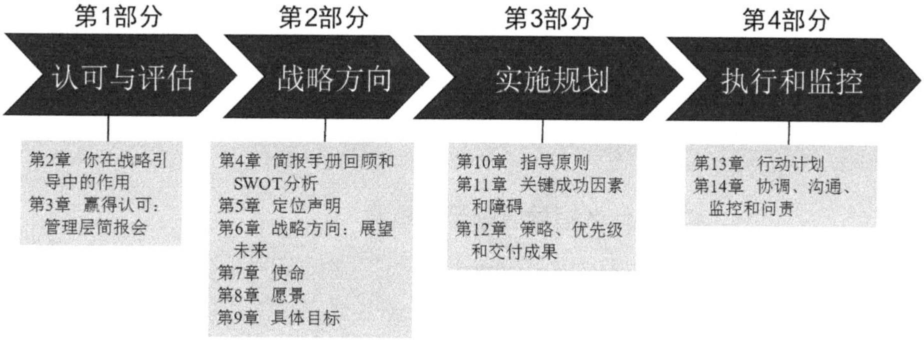

第1部分
认可与评估
第2章 你在战略引导中的作用
第3章 赢得认可：管理层简报会
第2部分
战略方向
第4章 简报手册回顾和SWOT分析
第5章 定位声明
第6章 战略方向：展望未来
第7章 使命
第8章 愿景
第9章 具体目标
第3部分
实施规划
第10章 指导原则
第11章 关键成功因素和障碍
第12章 策略、优先级和交付成果
第4部分
执行和监控
第13章 行动计划
第14章 协调、沟通、监控和问责

第 10 章
指导原则

- 综述：指导原则
- 概述
- 为什么指导原则至关重要
- 价值观与指导原则
- 从理论到行动
- 指导原则范本
- 流程
- 质量检查
- 你在制定指导原则中的角色

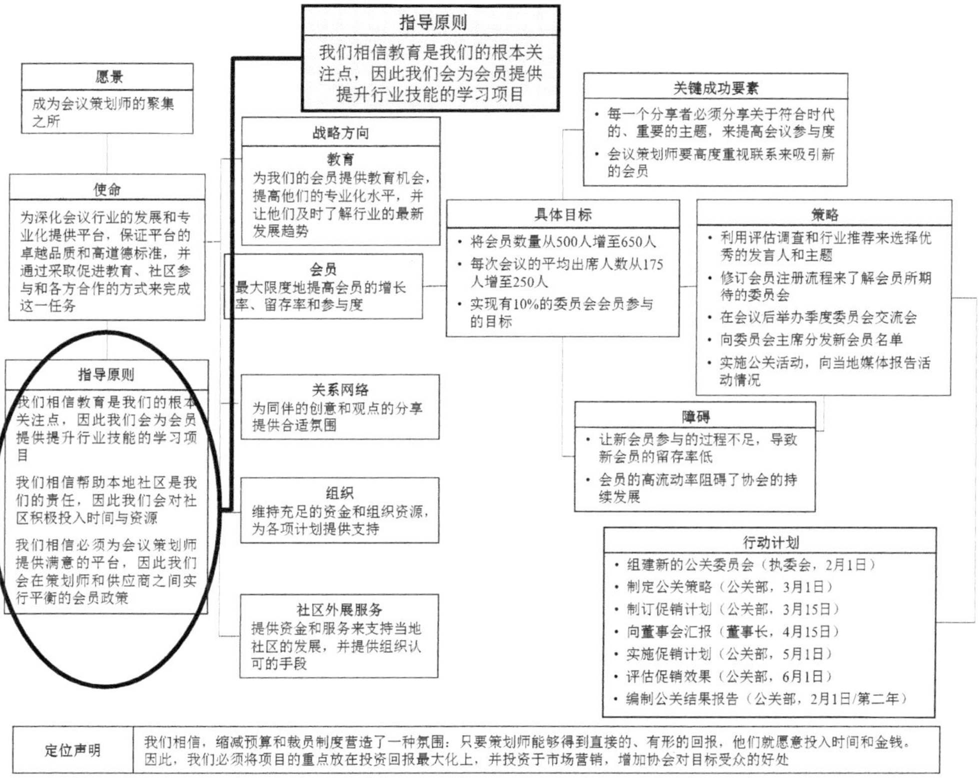
指导原则
我们相信教育是我们的根本关注点，因此我们会为会员提供提升行业技能的学习项目
愿景
成为会议策划师的聚集之所
使命
为深化会议行业的发展和专业化提供平台，保证平台的卓越品质和高道德标准，并通过采取促进教育、社区参与和各方合作的方式来完成这一任务
指导原则
我们相信教育是我们的根本关注点，因此我们会为会员提供提升行业技能的学习项目
我们相信帮助本地社区是我们的责任，因此我们会对社区积极投入时间与资源
我们相信必须为会议策划师提供满意的平台，因此我们会在策划师和供应商之间实行平衡的会员政策
战略方向
教育
为我们的会员提供教育机会，提高他们的专业化水平，并让他们及时了解行业的最新发展趋势
会员
最大限度地提高会员的增长率、留存率和参与度
关系网络
为同伴的创意和观点的分享提供合适氛围
组织
维持充足的资金和组织资源，为各项计划提供支持
社区外展服务
提供资金和服务来支持当地社区的发展，并提供组织认可的手段
关键成功要素
• 每一个分享者必须分享关于符合时代的、重要的主题，来提高会议参与度
• 会议策划师要高度重视联系来吸引新的会员
具体目标
• 将会员数量从500人增至650人
• 每次会议的平均出席人数从175人增至250人
• 实现有10%的委员会会员参与的目标
策略
• 利用评估调查和行业推荐来选择优秀的发言人和主题
• 修订会员注册流程来了解会员所期待的委员会
• 在会议后举办季度委员会交流会
• 向委员会主席分发新会员名单
• 实施公关活动，向当地媒体报告活动情况
障碍
• 让新会员参与的过程不足，导致新会员的留存率低
• 会员的高流动率阻碍了协会的持续发展
行动计划
• 组建新的公关委员会（执委会，2月1日）
• 制定公关策略（公关部，3月1日）
• 制订促销计划（公关部，3月15日）
• 向董事会汇报（董事长，4月15日）
• 实施促销计划（公关部，5月1日）
• 评估促销效果（公关部，6月1日）
• 编制公关结果报告（公关部，2月1日/第二年）
定位声明
我们相信，缩减预算和裁员制度营造了一种氛围：只要策划师能够得到直接的、有形的回报，他们就愿意投入时间和金钱。因此，我们必须将项目的重点放在投资回报最大化上，并投资于市场营销，增加协会对目标受众的好处

综述：指导原则

定义	为组织经营奠定基础的一般性指导方针
范例	• 我们坚信团队合作的价值。因此，我们将保持能孕育出尊重、参与、创新和拥有最高行为道德标准的环境 • 及时响应客户需求是我们经营活动的重中之重。因此，我们所制定的奖励和认可制度鼓励以客户为中心

成功策略
• 从教育你的团队何谓指导原则以及所采用的具体格式入手，启动有关指导原则的讨论 • 提供一个场景。在该场景中，你的团队成员能够想象出代表组织价值观和文化的模范人物 • 让团队成员识别一下，哪些行为让这个人成为模范 • 描述一个场景。在该场景中，团队成员正在培训一名新雇员。要求团队成员指明，他们会告诉这位新雇员哪些行为是不能容忍的，或不被喜欢的，或不能接受的，甚至会让新雇员被解雇的 • 让你的团队把这两张清单合并成合乎逻辑一组类别。这些类别通常代表了该组织的价值观，也成为指导原则的起点 • 为起草指导原则，将各类价值观逐一摘出，并编写指导原则，以“我们相信……（价值观）。因此，我们将……（行为）”的格式作为模版 • 进行质量检查，确保指导原则达到预期的标准

质量检查
• 所列出的指导原则是否体现了该组织的所有主要价值观？ • 各项原则的措辞是否指明了价值观和所期待的行为（例如，“我们相信……（价值观）。因此，我们将……（行为）”）？ • 你的团队是否已经制订了转型计划，让指导原则成为组织日常经营活动的一部分？

概述

有关第一策略的会议以提出目标收尾，而有关第二策略的会议则以指导原则开场。回忆一下，驱动力模型包括四场编制战略计划的引导会议。

驱动力模型的四个典型的引导会议	会议 1：规划团队回答两个问题： • 我们的现状如何？ • 我们今后的发展目标是什么？ 会议 2：规划团队解决其他两个问题： • 我们如何实现该目标？ • 我们如何监控进展情况？ 会议 3：规划团队与员工共同审查计划，并开始制订行动计划。 会议 4：规划团队审查和批准行动计划，并启动实施。

之后是会议 2 的议程。本章重点是专栏中的各个项目——制定指导原则。

会议 2 议程

A. 会议开场

- 欢迎辞
- 回顾会议目标、交付成果和基本规则
- 回顾拟定议程

B. 回顾会前工作

- 回顾愿景、使命和战略方向
- 确认为实现各项具体目标已完成的工作

C. 我们如何实现该目标？

- 指导原则
- 把指导原则付诸实践
- 关键成功因素和障碍
- 策略
- 优先级排序

D. 我们如何监控进展情况？

- 行动计划交付成果
- 协调计划
- 监控计划
- 问责计划

E. 回顾和结束

为什么指导原则至关重要

为什么对于组织来说，拥有一套强大的价值观和指导原则非常重要？如果你关注新闻，你可能已经发现其中的原因了。

经常会有这样的事情发生，人们印象当中的一些实力雄厚的组织因为缺少价值观而毁于一旦。在一些案例中，腐败从上层滋生，逐步蔓延到组织的整个机体当中（如安然公司）。在另一些案例中，最高层领导拥有坚定的价值观，但少数人的行为，特别是许多人的不作为，导致许多一度实力强大的公司从此一蹶不振（如安达信咨询公司）。

缺少一整套强大的价值观，不仅企业将受到影响，非营利组织和政府机构也将受到影响。在和一所大型城市学校组织的主管共事期间，我就注意到这种影响。这位主管是个魅力十足的女领导，非常称职，对年轻人关爱有加。她给学校组织带来了要实施问责和改革的强大理念，实施问责和改革者会受到奖励，而不实施者将自担后果。不过，由于缺少强有力的、建立在价值观之上的理念来平衡这一重视绩效的组织文化，她的管理陷入困境，因为不断有人指责有的校长更改学生在标准化测试中的作答内容，也有人指责她的管理团队成员掩盖事实和阻挠调查。缺少强大的、基于价值观的文化，即使那些一心向好的人也会由于缺少一整套能够被人理解和体现的价值观而寸步难行。

与此同时，我们发现，具有基于强大价值观的文化的组织能够表现优异，超越竞争对手（如美国西南航空公司、丽兹·卡尔顿酒店和 Chick-fil-A 速食餐厅）。我们看到，这些组织的文化能够带来非同寻常的客户体验。

本章重点是建立价值观的流程，如何把价值观转化为指导原则，如何保证那些指导原则能够在你的组织经营过程中一直发挥作用。

价值观与指导原则

《韦氏词典》对“价值观”的定义是“一种被认为值得拥有或者可取的原则、标准或质量”。在组织当中，价值观在定义组织特点及其文化方面发挥了重要作用。价值观还能提供组织所建立的根本基础。

当各个组织定义其价值观时，人们会常听到类似以下的话：

- 雇员是我们最为重要的资源。
- 我们以客户为中心。
- 我们尊重个人。
- 正直诚实是没有商量余地的。

尽管此类价值观十分重要，但我相信，一旦把价值观转化为指导原则，就像我们在下一个秘诀中所描述的那样，组织能够获得更大的收益。

秘诀 19　通过定义那些支持价值观的行为，把你的价值观转化为指导原则。

指导原则决定价值观并提供组织认为支持这种价值观的行为范例。驱动力模型采用如下格式来构建指导原则。

指导原则的格式范本
我们相信……（价值观）。因此，我们将……（行动）

指导原则在实践中是什么样子？我们摘出此前提到的第一条价值观陈述，把它变为如下指导原则：

指导原则范本

我们相信，雇员是我们最为重要的资源。因此，我们将做到如下几条：

- 聘用拥有必要技能并且其工作经历体现出认同我们的价值观和指导原则的人员。
- 投资于能够保证每位员工持续发展的培训和反馈策略。

行为陈述的重要性

“因此，我们将……”这一陈述把价值观与描述人们在组织中基于该种价值观所采取的行动的一种或多种行为联系起来。为什么要有行为陈述？我发现，人们经常就价值观陈述达成一致：“我们相信……”不过，人们通常对于价值观陈述在行动中的含义持有不同的信念。

比如，我曾在由两家建筑公司合并后的一家公司工作，其中一家位于亚澳地区，另一家位于欧洲。我加入该公司是为了帮助一支团队为合并后的公司提出一套统一的价值观。在合并前，一家公司有 11 条价值观，另一家有 5 条。两家公司都把“诚信”作为其价值观之一。

两家团队都认为，“诚信是没有商量余地的”这一价值观陈述非常恰当。不过，在提出行为陈述时，开始出现不同意见。一派人认为，“没有商量余地”意味着我们在经营业务时秉承世界上最高的商业道德标准：我们不受贿也不行贿。而另一派人认为，我们在经营业务时，要入乡随俗，如果这就意味着贿赂政府官员，那就可以行贿。对其他人来说，“没有商量余地”意味着我们要在所有的行动中都保持公开透明。如果没有讨论和记录与“因此，我们将……”有关的行为，承担为合并后的组织确定价值观这一任务的团队会在事后觉得已经完成了任务——而其结果就是，团队发现，它仍需要在公司经营过程中解决所面临的价值观问题。幸好，团队最终提出了组织各方都能接受的一致意见。

总之，指导原则用来实施组织的价值观，并有助于确保人人都对能体现这些价值观的行为达成共识。

从理论到行动

走进一家公司的办公室，人们通常看到张贴在墙上的价值观和指导原则，有时这些价值观和指导原则还悬挂在画框中或镌刻在大理石上。这是组织在向所有人展示它所遵从的价值观。不过，持有一整套内容清晰的指导原则仅仅只是开始。只有将指导原则纳入公司日常经营方式之中，才能赢得竞争。因此，如何才能让所有员工铭记这些价值观，并把它们转化为自己日常工作中的一部分，而不只是把它们高挂在墙上？

许多组织都在努力实现这一转化过程。不过，在六个月内的策略执行练习中，很少有人能够准确地回忆起一半数量的指导原则，即便高管团队的成员也是如此。而其他组织的每个员工都能理解和掌握所有的指导原则，因此从一开始就能超越竞争对手，而且这些组织能把转化过程落实到位，确保指导原则能始终成为其工作中心。

以下是一些供你考虑的策略范本，可以把指导原则从理论落实到行动当中。

传播	• 编制缩略语，让员工更容易地记住价值观。 • 设计富于吸引力的落实原则的过程，让员工能够落实价值观和指导原则。 • 向每位员工提供一份价值观和指导原则的文本。 • 张贴价值观和指导原则，方便参考。
招聘和入职	• 在评估候选人时，把“价值观匹配”作为一个评估标准。 • 与所有新雇用的员工一对一地回顾所有价值观和指导原则。 • 让新雇用的员工（在一页纸或更短的篇幅内）写出他们为实现指导原则准备做哪些事情，不做哪些事情。 • 30 天和 90 天之后，让各位经理和同事对新员工进行评估，确保员工与价值观匹配。
加强、奖励和认可	• 在组织的内部网上设置“每日（或每周或每月）价值观”的弹出式用语。 • 在员工会议上，让员工们确认，自从上次会议以来，哪些员工在多少场合下以自己的行为体现了某个价值观；对于最佳表现予以奖励。 • 发布客户对展示了组织某个价值观的员工的反馈意见。 • 对照价值观，对每个员工的表现进行 360°年度回顾；对于得分最高者给予认可和奖励。

指导原则范本

以下是一些指导原则的范本。指导原则的标准格式是“我们相信……（价值观）。因此，我们将……（行动）”，不过在确认价值观和支持价值观的行为过程中，请注意这些原则的格式各不相同。

持续改进	我们寻求持续改进。因此，我们将尽力避免犯同样的错误。如果犯了错误，我们不但要改正它，而且要尽力了解犯错误的原因，以及需要如何去做才能防止再次犯错
企业公民	我们以对社会负责和合乎道德规范的方式经营业务。我们尊重法律，支持普世人权，保护环境，并让我们所在社区从中受益 我们承诺，参与社区事务，让世界变得更加美好
客户服务	我们珍视客户，因此我们将会： • 把客户视为重中之重 • 尽力满足客户的需求 • 提供无可匹敌的客户服务 • 尊重客户，让客户感受到尊严 • 即使和客户建立业务关系后，也持续和客户“保持联络” • 对客户彬彬有礼 • 倾听客户的声音 • 及时回应客户
客户服务	我们不会忘记，客户就是我们的老板，是客户在支付我们的工资。我们对客户的需求迅速做出响应，尊重客户，为客户提供高效、及时的服务
客户服务	我们对客户始终如一，对细节倍加关注，提供无可匹敌的客户服务
精诚奉献	我们比竞争对手更加努力、更动脑筋，致力于竭尽全力帮助组织取得成功
热情	我们每天满怀热情地对待工作
贯彻始终	我们说到做到，把贯彻始终和落实执行作为我们的工作重心
行业领导者	我们认为，要成为有效的行业领导者，必须对创新理念进行投资。因此，我们将和客户沟通，了解他们不断变化的需求，并对这种需求做出响应。 • 寻找新机会

续表

	• 建立和保持合作伙伴关系 • 努力在行业中占据领先优势
诚信	即使没有人关注，我们也要做正确的事情。在和客户以及我们彼此之间的交往当中，我们要保持高度的诚信原则，并且始终如一。我们不能容忍不诚信行为的发生
诚信	在和客户、团队成员、供应商和公司打交道的过程中，我们以商业道德规范和诚信支配自己的行为
领导力	我们相信渐进式领导力的作用，即领导者认识到自己的工作就是最大限度地提高员工的工作效率。因此，我们将： • 作为领导人无私奉献 • 在做出每项管理决定时都要经过决定一览表上各个项目的评估（例如，是否符合道德规范，是否具有可行性，是否合法等） • 在决策过程中始终如一 • 最大限度地提高我们的人力资源和资本资源的效率 • 让员工为自己的行为负责 • 根据员工的表现来给予认可
关注需求	我们要满足客户的需求，而不仅满足他们的要求。我们尽力了解客户的真正需求，确保能够提供奏效的解决方案
开诚布公	我们倾听他人的想法，鼓励开诚布公的对话
主人翁意识	我们要有主人翁意识。在花公司钱的时候，我们要把公司的钱视为自己的钱。我们处事慎重，只将时间用在能给公司带来价值的活动上
绩效标准	我们重视高标准的绩效。因此，我们将： • 奖励绩效突出的员工 • 对我们自己的绩效负责 • 富有创新和创意 • 注重成本效益比 • 始终展示出职业的行为（如着装得体、准时等）
个人职责	我们担负个人应负的职责。如果遇到问题，我们负责解决问题（而不是对别人牢骚满腹或逃避）；如果犯了错误，我们承认自己要对错误负责
职业道德规范	我们认为，职业行为对于我们业务的各个方面至关重要。因此，我们将： • 尊重他人，诚实守信 • 遵守和展现道德标准 • 不偏袒，不歧视

续表

熟练程度	我们努力通过接受个人和职业培训，提高自己各方面的能力，努力提高工作各个方面的熟练程度
质量	我们要履行诺言，力求事事达到最高质量。我们重视质量——我们重视各项流程、人员和技术的质量。当我们知道一切全部妥当时，才会提交成果
安全	我们保持能把危险、风险或伤害降至最低程度的环境
团队	我们保持积极向上的团队环境。我们在交流中保持积极向上的态度，以提供协助、信息和指导来互相支持，而不只关心自己，把负能量带到工作场所。我们不允许出现冷嘲热讽的现象
团队	我们相信团队合作的价值。因此，我们要保持这样一种环境，这种环境能够推动： • 在整个机构当中能够开展富有建设性的和有效的交流 • 尊重各种意见 • 参与和合作 • 创新 • 遵守时限

流程

制定指导原则的方法有很多，其中，驱动力模型采用基于场景的方法。其步骤简介如下：

1	开展针对指导原则的教育	就像我们之前讨论其他构成要素那样，从教育团队什么才是指导原则以及采用哪种具体格式来编制指导原则入手展开讨论。
2	确定你赞同的行为	介绍指导原则概念之后，提供一个场景。在该场景中，你的团队成员能够想象出代表组织价值观和文化的典型人物。让团队成员识别哪些行为让这个人成为模范。
3	确定你不赞同的行为	在你确定你想要的行为之后，下一步就是确定你不想要的行为。描述一个场景。在该场景中，团队成员正在培训一名新雇员。要求团队成员指明，他们会告诉这位新雇员，哪些行

		为是不能容忍的，或不被喜欢的，或不能接受的，甚至会让新雇员被解雇的。
4	确定价值观	把主要的特点和不可忍受的行为列出清单之后，让你的团队把这两张清单合并成合乎逻辑的一组类别。这些类别通常代表了该组织的价值观，也成为起草你的指导原则的起点。
5	起草指导原则	为起草指导原则，将各类价值观逐一摘出，并编写指导原则，以“我们相信……（价值观）。因此，我们将……（行为）”的格式作为模版。为节省时间，你可以让整个团队起草第一个指导原则，然后分组起草剩余的指导原则。
6	开展质量检查	为确保指导原则的质量，采用以下质量检查流程。
7	制订转型计划	制定指导原则流程的最后一步是决定你和你的团队将要采用哪些策略把指导原则从理论落实为行动。从回顾其他组织使用过的策略入手。然后，让你的团队集思广益，看看能采用哪些策略，然后选择你们将要采用的策略。

质量检查

如果你和你的团队已经完美地制定了指导原则，你们就会对以下提问都将是肯定的回答：

质量检查

- 所列出的指导原则是否体现了组织的所有主要价值观？
- 各项原则的措辞是否明确了价值观和所期待的行为［例如，“我们相信……（价值观）。因此，我们将……（行为）”］？
- 你的团队是否已经制订了转型计划，让指导原则成为组织日常经营活动的一部分？

你在制定指导原则中的角色

由于指导原则在传递组织所要建立的文化类型中发挥着关键作用，你需要特别注意以下内容：

领导者的角色	• 在策略计划的任一方面，许多人将会关注你这位领导者以及你所采用的模式。尽管对于执行计划来说，人们几乎在各方面都会注意领导者的一举一动。不过我发现，在涉及指导原则时，这一点尤其如此。如果领导者不认真对待指导原则，那么可以笃定，整个组织从上到下都会持同样的态度。因此，把你认识到的指导原则所蕴含的价值和别人进行沟通非常关键，可以确保你言行一致。 • 尽管你需要把指导原则的数量降到可以控制的程度（一般少于 10 项），但要确保不得遗漏主要原则。 • 通常要求人力资源组织负责领导转型计划的实施。不过，由于转型计划是把指导原则转变为行动的主要工具，要考虑建立一支实施团队，该团队的组成人员要来自至少三个领域。

第 11 章
关键成功因素和障碍

- 综述：关键成功因素和障碍
- 概述
- 确定关键成功因素
- 确定障碍
- 详细要点
- 关键成功因素和障碍举例
- 流程
- 质量检查
- 你在确定关键成功因素和障碍中的角色

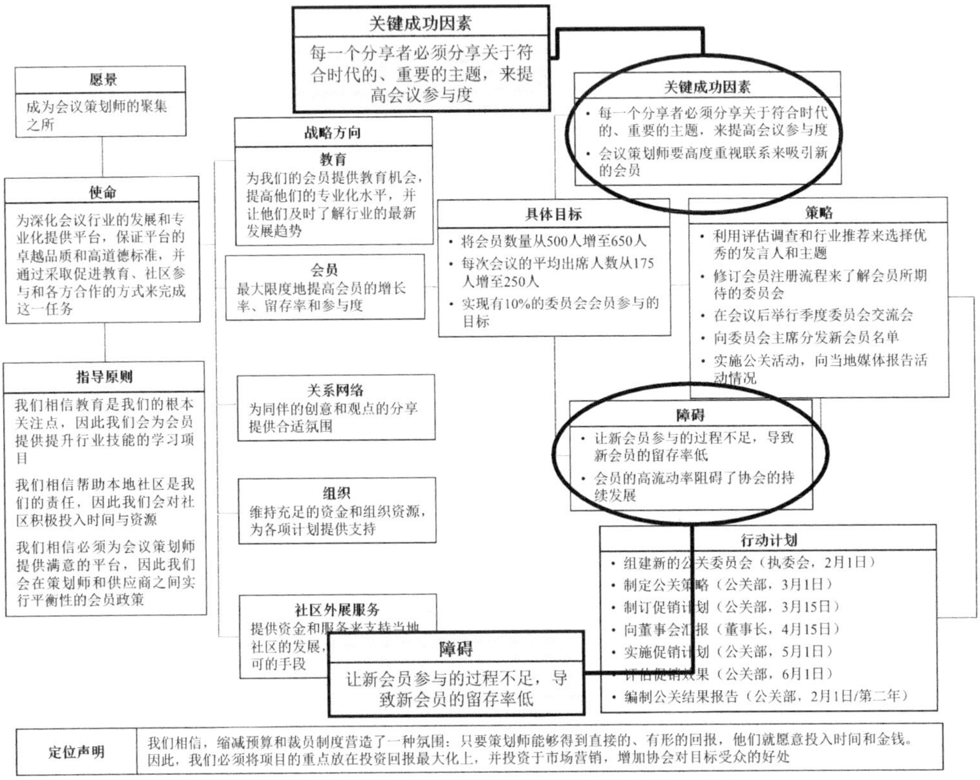
关键成功因素
每一个分享者必须分享关于符合时代的、重要的主题，来提高会议参与度
愿景
成为会议策划师的聚集之所
使命
为深化会议行业的发展和专业化提供平台，保证平台的卓越品质和高道德标准，并通过采取促进教育、社区参与和各方合作的方式来完成这一任务
指导原则
我们相信教育是我们的根本关注点，因此我们会为会员提供提升行业技能的学习项目
我们相信帮助本地社区是我们的责任，因此我们会对社区积极投入时间与资源
我们相信必须为会议策划师提供满意的平台，因此我们会在策划师和供应商之间实行平衡性的会员政策
战略方向
教育
为我们的会员提供教育机会，提高他们的专业化水平，并让他们及时了解行业的最新发展趋势
会员
最大限度地提高会员的增长率、留存率和参与度
关系网络
为同伴的创意和观点的分享提供合适氛围
组织
维持充足的资金和组织资源，为各项计划提供支持
社区外展服务
提供资金和服务来支持当地社区的发展，
可的手段
关键成功因素
• 每一个分享者必须分享关于符合时代的、重要的主题，来提高会议参与度
• 会议策划师要高度重视联系来吸引新的会员
具体目标
• 将会员数量从500人增至650人
• 每次会议的平均出席人数从175人增至250人
• 实现有10%的委员会会员参与的目标
策略
• 利用评估调查和行业推荐来选择优秀的发言人和主题
• 修订会员注册流程来了解会员所期待的委员会
• 在会议后举行季度委员会交流会
• 向委员会主席分发新会员名单
• 实施公关活动，向当地媒体报告活动情况
障碍
• 让新会员参与的过程不足，导致新会员的留存率低
• 会员的高流动率阻碍了协会的持续发展
行动计划
• 组建新的公关委员会（执委会，2月1日）
• 制定公关策略（公关部，3月1日）
• 制订促销计划（公关部，3月15日）
• 向董事会汇报（董事长，4月15日）
• 实施促销计划（公关部，5月1日）
• 评估促销效果（公关部，6月1日）
• 编制公关结果报告（公关部，2月1日/第二年）
障碍
让新会员参与的过程不足，导致新会员的留存率低
定位声明
我们相信，缩减预算和裁员制度营造了一种氛围：只要策划师能够得到直接的、有形的回报，他们就愿意投入时间和金钱。因此，我们必须将项目的重点放在投资回报最大化上，并投资于市场营销，增加协会对目标受众的好处

综述：关键成功因素和障碍

	关键成功因素	障碍
定义	必须创造以达成一个或多个具体目标的关键条件	目前存在的或潜在的阻碍实现一个或多个具体目标所面临的挑战

	关键成功因素	障碍
范例	• 公众喜爱的汽车车身风格 • 高度认可要实现的计划并且做出实现承诺 • 对于市场需求的变化迅速做出反应	• 公众认为，美国汽车厂商的质量欠佳 • 个人绩效目标和具体策略目标之间缺少协调

	关键成功因素和障碍
成功策略	• 回顾关键成功因素和障碍的定义、质量检查和成功策略 • 回顾为实现每个战略方向而要实现的具体目标，问问自己："为实现这些具体目标，必须创造哪些条件？" • 你在确定实现战略方向的关键成功因素之后，提出以下问题，让团队来确定要实现这个战略方向会遇到哪些障碍："为什么这些具体目标尚未实现？存在何种障碍？" • 记住，无须为每个关键成功因素都搭配一个与之相对的障碍 • 开展质量检查
质量检查	• 是否已经确定必须创建的绝大部分关键条件和影响成功的主要障碍？ • 关键成功因素的陈述方式是用名词和条件性的形容词（如"高效的经销商网络"），而不是用动词（如"发展"）吗？有关障碍的陈述方式是否在鼓励采取策略来克服这些障碍？ • 针对战略方向，你是否已经列出至少两个和不超过七个关键成功因素，和至少两个和不超过七个障碍？ • 这些障碍是不是避免了对关键成功因素的复制？

概述

一旦你确定了自己的战略方向、具体目标和指导原则，就很容易直接过渡到制定各种策略上。你的团队已经回答了这两个问题：“我们的现状如何？”和“我们今后的发展目标是什么？”因此，他们会很自然地提出下个问题：“我们如何才能实现目标？”

不过，为了最大限度地提高规划的有效性，你的团队必须锻炼个人的耐心。在回答如何提问之前，团队必须先回答以下两个重要问题：“我们为什么还没有实现目标？”“我们需要创造什么样的成功条件才能推动愿景的实现？”在本章中，我们向你展示，通过定义你所面临的障碍和关键成功因素，也就是卓越规划七个原则中的第四个原则来回答这两个问题。

卓越规划的七个原则

1. 明确目的。
2. 从准确评估现状入手。
3. 创建一个共享成功的愿景。
4. 确定关键成功因素和障碍。
5. 明确驱动力：你的策略和优先事项。
6. 监控和报告结果。
7. 用奖惩来建立问责。

确定关键成功因素

正如在第1章中所指出的，我个人认为，关键成功因素这一概念是规划当中最重要的理念之一。我的经验是，如果你能充分把握这个概念，并将它纳入你的规划当中，就可以显著提高规划的质量，成功概率也会大大增加。那么，哪些因素是关键成功因素？关键成功因素就是达成具体目标所必须创建的关键条件。

如果你在建造自己的住宅，你的具体目标可能是在年底前盖完一套舒适且可支付得起抵押贷款的房屋。关键成功因素，或称为成功主要条件，可能是如下几点：

建造住宅的关键成功因素举例	• 足够的资金。 • 优质的建材。 • 出色的承包人。 • 能满足你需求的建筑平面图。 • 流畅高效的建筑施工流程。

注意，关键成功因素的格式。它们表明了要达成目标所必须满足的条件。

在本范例中，关键成功因素不只是建材，而是高质量的建材。关键成功因素不只是建筑平面图，而是能满足你需求的建筑平面图。

同样应注意，关键成功因素都是用名词（必须创建的条件），而不是由动词（你所采取的创造条件的行动）来表达的。关键成功因素不告诉你该干什么，而是描述必须创建的条件。而创建这种条件可以有很多种方法。

我们再举一个例子。如果你是汽车制造商，你的具体目标是销售大量汽车。那么，你的关键成功因素可能有哪些？

汽车制造商的关键成功因素举例	• 令人赏心悦目的车身风格。 • 以客户为中心的销售商网络。 • 以质量为本以及高效的生产流程。 • 你的产品为目标购车者广泛知晓。

下面的例子列出了会议策划师协会有关会员的战略方向、具体目标和关键成功因素。

会员方面 最大限度地提高会员的增长率、留存率和参与度	
具体目标	**关键成功因素**
• 将会员数量从 500 人增至 650 人 • 年度会员留存率达到上一年度会员数量的 75% • 每次会议的平均出席人数从 175 人增至 250 人 • 实现有 10%的委员会会员参与的目标	• 会议策划师具有较高吸引新会员的意识 • 会议策划师具有较高吸引新会员的意识 • 富有活力的演讲者和有吸引力的主题，以增加会议的出席人数

在几乎每种活动中，都有不少于两种和不超过七种的关键成功因素。这些就是关键条件，如果你创建了这些条件，它们就会带动你走向成功。我们再来看一个例子，以进一步说明这一要点。

假设你被任命为你最喜爱的慈善组织的募捐主席。今年，该慈善组织计划通过保龄球竞赛活动筹款 2 万美元。

保龄球竞赛活动的工作方式	• 在保龄球竞赛活动中，人们聚在一起，打一个下午的保龄球。每个打保龄球的人都会叫上亲朋好友等人来“赞助”。 • 赞助人保证，打保龄球的人在打得最好的三局当中，每次击倒球瓶得分，赞助人就向慈善组织捐献 1 美元、25 美分或 10 美分，或其他数额的捐款。 • 举例来说，如果我有十个赞助人，其中六个人同意，当打保龄球的人每次击倒球瓶得分，他们就每人捐助 1 美元，另外四个人同意每人捐助 25 美分，则如果我的最佳局数是 100，则六个赞助人每人就会代表我捐助 100 美元，另外四名赞助人每人就会代表我捐助 25 美元。 • 这样，从我的赞助人那里，慈善组织就会收到 700 美元的捐款。

保龄球竞赛活动将总共举办 9 个月。作为会议策划师，你得坐下来写出一份详细的执行保龄球竞赛活动的行动计划。你知道，你要做的事情之一是找到能举办活动的保龄球场。所以，你的行动计划中所列的行动之一就是“找到一个保龄球场”。

然而，这个答案是错误的。

找到一个保龄球场的确是一个重要的行动，而且把它当作第一个或接近第一个步骤，看起来合乎逻辑、理所当然。但是，它不应当成为第一个行动，至少按照卓越规划的七个原则来说，它不应当成为第一个行动。

采用卓越规划的七个原则举办保龄球竞赛活动	• **原则 1：明确目标**。这个目标是为你而定义的：为慈善组织募捐，让该组织有足够的资金行善。 • **原则 2：从准确评估现状入手**。假设选择保龄球竞赛活动作为筹款项目的团队已经对以往的筹款活动的优势和劣势进行了回顾，而且对目标观众和为举办保龄球竞赛活动的意愿做了评估。 • **原则 3：创建一个共享成功的愿景**。再次为你确定如下目标：募集 2 万美元。 • **原则 4：确定关键成功因素和障碍**。你得先确定好你的关键成功因素和障碍，然后再制订行动计划。

所以，当我们提问："你的关键成功因素是什么？如果你想通过保龄球竞赛活动筹集 2 万美元，哪些是成功的关键？"我相信，关键成功条件主要有两条：你得找到很多保龄球手，而且这些保龄球手得有很多资助人。当然，如果这些保龄球手都是高手，那就更棒了。不过，这只是有利因素，而非决定性因素。

让我们从第一条关键成功因素（很多保龄球手）开始。如果你想让很多人参与保龄球活动，你上哪儿去找这么多人？策略之一可能是到有保龄球手的地方去找：你可以询问若干保龄球联盟：它们是否愿意参与你的保龄球活动。如果有一家说愿意，你就能找到 48 名保龄球员。如果还有一家说愿意，你就会有 96 名保龄球员，这样你就旗开得胜了。上哪儿去找保龄球场？当然，在同意参加保龄球活动的联盟附近就能找到。

但是，假设你先找了保龄球场，而且还是那种为了省钱而找到的最便宜的球场。当你找到联盟，询问联盟球员是否愿意打球时，他们会问："保龄球场在哪儿？"结果，由于保龄球场位于保龄球员不易到达的地点而使你的计划遭到联盟的拒绝。你没有把关键成功因素摆在首位，其结果就是你的计划难以成功。

再说一遍，选择保龄球场十分重要，但并非决定性因素。这就引出我们的下一条秘诀。

秘诀 20　**为确保你的计划重点放在最重要的活动上，确定你的关键条件以及为创造条件而要采用的策略。**然后，围绕这些策略来构建你的计划。

关键在于，在制定策略之前你必须先确定关键成功因素。一旦你知道对于成功什么是关键的，你就能制定策略来获得它们。先集中于关键项目，再围绕它们完成计划的制订。

确定障碍

关键成功因素确定了必须创造的关键条件，而障碍则确定了成功道路上的主要阻碍或限制因素。障碍回答了下面这个问题："我们为什么还没有实现目标？是什么阻挡了我们？"障碍往往以"缺少"或"不足"或其他表示"不够充分"的词语开始。

我的经验是，很多团队通常很难找到关键成功因素，但在确定障碍方面却没有什么问题。不过，我努力把为实现每个战略方向所面临的障碍的数量限制在不少于两个和不超过七个，以便能集中于最重要的障碍上。

以下是到目前为止我们所熟悉的会议策划师协会针对实现会员目标所设定的战略方向、具体目标和所遇到的障碍。

会员方面 最大限度地提高会员的增长率、留存率和参与度	
具体目标	障碍
• 将会员数量从 500 人增至 650 人 • 年度会员留存率达到上一年度会员数量的 75% • 每次会议的平均出席人数从 175 人增至 250 人 • 实现有 10%的委员会会员参与的目标	• 缺乏让新会员参与的活动（流程），导致新会员的留存率低 • 会员的高流动率阻碍了协会的持续发展

详细要点

我想对关键成功因素和障碍再做几点补充。

关于编写关键成功因素和障碍的详细要点

- 关键成功因素或障碍会影响一个以上的具体目标，这一点很常见，就像上面例子中提到的“缺乏让新会员参与的活动（流程），导致新会员的留存率低”。这一障碍既影响了会员保留目标（年度会员留存率达到上一年度会员数量的 75%），也影响了参与目标（实现有 10%的委员会会员参与的目标）。
- 在为关键成功因素措辞的时候，不要只重述具体目标，而要把重点放在能够决定是否达成具体目标的因素上。例如，如果你的具体目标是将会员数量从 500 人增至 650 人，关键成功因素不会是让更多的人签约成为会员。这只是对具体目标的重述。关键成功因素只是为了吸引更多新会员而需要的条件。
- 不能把某个项目既当作关键成功因素，也当作障碍。例如，资金充足可能是个关键成功因素，资金不足可能是个障碍。分析关键成功因素和障碍的目的是让你集中在最重要的策略上，如果某个项目既可以列为关键成功因素也可以列为障碍，那就把它列入最合适的那一组当中。

- 把你的关键成功因素和障碍限制在那些可能受到组织影响的事物上。那些不受组织控制的事物（如天气）更应当列为假设条件。
- 你可能确定了许多“必须创建的”条件和阻挡道路的障碍，但是为实现一个战略方向，一般来说，关键成功因素不少于两个，也不多于七个。同样，为实现一个战略方向，一般来说，障碍不少于两个，也不多于七个。
- 最后，是先列举关键成功因素，还是先列举障碍？两种顺序均可。不过在驱动力模型下，是先确定关键成功因素。我发现，先列举障碍的团队容易把关键成功因素的问题变为：“我们必须创建何种条件才能克服障碍？”而并非提出真正的有关关键成功因素的问题：“我们必须创建何种条件才能实现具体目标？”那些没有提出真正的有关关键成功因素的问题的团队可能会提出和实施克服障碍的策略，但后来会发现自己从没有涉及成功实现具体目标的关键条件，因为他们就从来没有提出过真正的有关关键成功因素的问题。

关键成功因素和障碍举例

以下是为实现若干不同领域的战略方向而列举的关键成功因素和障碍。

增长和盈利能力 在实现盈利能力目标的同时，使增长最大化		
具体目标	**关键成功因素**	**障碍**
• 每年至少让营收增长 12% • 到第三年前把三个主要目标市场的市场份额各扩大五个百分点	• 专门设计用来满足客户关键需要的产品 • 让目标市场的客户接受定义清晰和传播到位的价值观，以便最大限度地提高收入	• 低效的营销活动限制了公众对产品体系的广泛认知 • 我方销售人员对产品了解有限，增加了销售周期的时间

续表

• 每年达到10%的纯利润(息税折旧摊销前利润)	• 高效经营，尽可能降低经常费用，控制成本	• 产品开发中的延误，使产品不能及时推出

项目

提供富有关怀、有成本效益比、可提高生活体验效果的项目

具体目标	关键成功因素	障碍
• 到第三年前将接受服务的总人数提高15% • 每年至少让75%的客户实现单个项目成果目标 • 每年，以照顾性的方式提供针对90%的客户进行调查的报告服务 • 使项目价格保持在或低于我们七个同类组织样本的平均价格	• 清晰而符合现实的成果措施 • 接受过良好培训、称职和富有爱心的员工 • 能够对高生产力给予奖励的制度	• 我们的某些推荐机构的员工对项目了解不够 • 在需求的高峰期和低谷期的处理效率低

健康信息传播

向顾客、供应商和政策制定者提供高质量的健康信息，确保他们做出明智的决定

具体目标	关键成功因素	障碍
• 让能够为机构确定的信息提供代言的专业供应商集团和目标组织的数量翻番 • 每年将至少六篇由代理机构编写的文章或故事刊登在国内15家顶级媒体的一家 • 以互联网点击率和对材料的索求数量为衡量标准，将向客户和专业人员发放材料的数量增加25% • 将能满足目标决策人的请求的数量增加50%	• 供应商集团意识到自己在预防当中所发挥的作用 • 一个精心设计、便于浏览、名称易记的网站	• 代理机构缺乏有关健康传播的专业知识 • 我们重点提供原始数据而不是提供以讲故事的方式传播的信息

客户		
向客户提供信息，让他们能更好地做出决策，更好地控制环境		
具体目标	**关键成功因素**	**障碍**
• 提高客户对我们的产品和服务的整体满意程度，其测评标准为提高满意率调查得分三个点 • 基于调查后收到的反馈意见，将声称我们所提供的信息影响其决定的客户数量增加 20%	• 我们非常了解不同客户群体对信息的需求 • 便于获取的、高水平的、与客户相关的数据 • 我们的目标受众非常了解我们的数据库，可以作为有用信息的来源	• 这样一种趋势：我们制作我们认为用户想要的内容，而不是客户告诉我们他们想要的内容 • 我们重点提供原始数据而不是提供以讲故事的方式传播的信息

流程

编写关键成功因素和障碍的流程如下：

1	开展针对关键成功因素和障碍的培训	开始时先让团队成员回顾关键成功因素和障碍的定义、质量检查和成功策略。回顾之后，让团队通过一两个例子来确定关键成功因素。
2	确定实现第一个目标的关键成功因素	介绍完概念之后，让整个团队确定实现第一个目标的关键成功因素。为此，你要把重点放在为实现战略方向而要达到的每个具体目标上，并提问：“为实现这些具体目标，必须创造哪些条件？”注意，在某些例子中，你可能一次关注一个具体目标。不过，我发现，在实现某个领域内的战略方向时，关键成功因素通常都会涉及一个以上的具体目标。
3	确定实现第一个目标的障碍	在确定好第一个战略方向的关键成功因素之后，你可以快速让团队确定实现第一个目标的障碍，并提出以下问题：“为什么尚未实现这些具体目标？有哪些阻碍因素？”记

		住，之前已经提过，没有必要给每个关键成功因素提出与之对应的障碍。
4	对第一个目标开展质量检查	在确定完第一个战略方向的关键成功因素和障碍之后，开展质量检查。
5	针对剩余的战略方向，重复步骤 2、3 和 4	完成第一个战略方向之后，针对剩余的战略方向，接着让你的团队重复步骤 2、3 和 4。尽管你可以采用分组方式，我发现让整个团队这样做可以让活动进展得相对更为快速流畅。因此，让整个团队开展活动通常效果较佳。

质量检查

如果你和你的团队已经完美地确定了关键成功因素和障碍，你就可以对下列每个问题给予肯定的回答。

质量检查

- 是否已经确定绝大部分必须创建的关键性条件以及会影响成功的主要障碍？
- 关键成功因素是以带条件的名词（如“有效的经销商网络”）而不是以动词形式（如“发展”）表达的？
- 有关障碍的措辞是否在鼓励采取策略来克服这些障碍？
- 针对每个战略方向，你是否已经有至少两个和不超过七个关键成功因素，和至少两个和不超过七个障碍？
- 障碍是不是避免了对关键成功因素的复制？

你在确定关键成功因素和障碍中的角色

关键成功因素和障碍是用来确定你的策略重点的强有力基础。这两张清单里不能遗漏任何要点，这一点很重要。在规划部分中，考虑发挥你的如下角色。

领导者的角色	• 在关键成功因素的编写过程中，要不断问自己："我们是否已经确认了获得成功的关键条件？"如果错过了某个关键条件（而这是很有可能的），那么你很有可能忽略了某个重要的策略。 • 尽管绝大部分团队都能很容易地确定障碍，要确保不要有任何遗漏。 • 保证关键成功因素和障碍能达到质量检查的标准。

第 12 章
策略、优先级和交付成果

- 综述：策略
- 概述
- “策略”动词
- 优先级排序
- 流程
- 质量检查
- 你在策略、优先级和交付成果中的角色

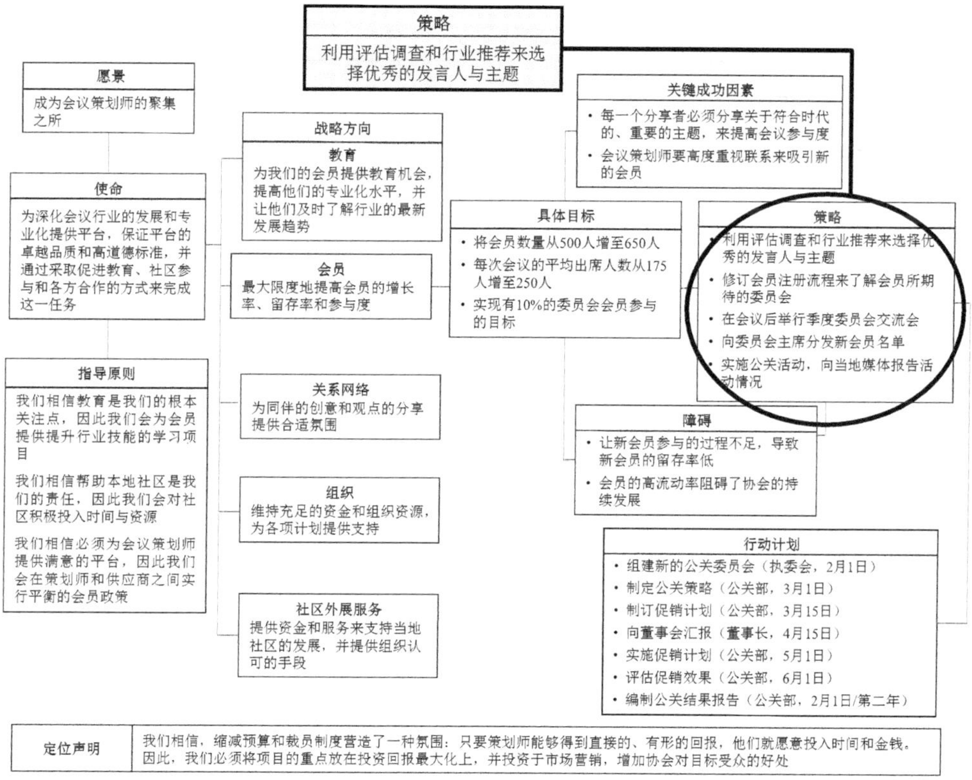
策略
利用评估调查和行业推荐来选择优秀的发言人与主题
愿景
成为会议策划师的聚集之所
使命
为深化会议行业的发展和专业化提供平台，保证平台的卓越品质和高道德标准，并通过采取促进教育、社区参与和各方合作的方式来完成这一任务
指导原则
我们相信教育是我们的根本关注点，因此我们会为会员提供提升行业技能的学习项目
我们相信帮助本地社区是我们的责任，因此我们会对社区积极投入时间与资源
我们相信必须为会议策划师提供满意的平台，因此我们会在策划师和供应商之间实行平衡的会员政策
战略方向
教育
为我们的会员提供教育机会，提高他们的专业化水平，并让他们及时了解行业的最新发展趋势
会员
最大限度地提高会员的增长率、留存率和参与度
关系网络
为同伴的创意和观点的分享提供合适氛围
组织
维持充足的资金和组织资源，为各项计划提供支持
社区外展服务
提供资金和服务来支持当地社区的发展，并提供组织认可的手段
关键成功因素
• 每一个分享者必须分享关于符合时代的、重要的主题，来提高会议参与度
• 会议策划师要高度重视联系来吸引新的会员
具体目标
• 将会员数量从500人增至650人
• 每次会议的平均出席人数从175人增至250人
• 实现有10%的委员会会员参与的目标
策略
• 利用评估调查和行业推荐来选择优秀的发言人与主题
• 修订会员注册流程来了解会员所期待的委员会
• 在会议后举行季度委员会交流会
• 向委员会主席分发新会员名单
• 实施公关活动，向当地媒体报告活动情况
障碍
• 让新会员参与的过程不足，导致新会员的留存率低
• 会员的高流动率阻碍了协会的持续发展
行动计划
• 组建新的公关委员会（执委会，2月1日）
• 制定公关策略（公关部，3月1日）
• 制订促销计划（公关部，3月15日）
• 向董事会汇报（董事长，4月15日）
• 实施促销计划（公关部，5月1日）
• 评估促销效果（公关部，6月1日）
• 编制公关结果报告（公关部，2月1日/第二年）
定位声明
我们相信，缩减预算和裁员制度营造了一种氛围：只要策划师能够得到直接的、有形的回报，他们就愿意投入时间和金钱。因此，我们必须将项目的重点放在投资回报最大化上，并投资于市场营销，增加协会对目标受众的好处

综述：策略

定义	为实现具体目标、满足关键条件和克服障碍所需采取的广泛活动

范例	• 重新设计我们的产品开发流程，缩短周期时间，提高效率 • 与日本制造商建立伙伴关系来改造东北工厂 • 实施相关方案全面推动我们的成功，成为一个优质制造商

成功策略
• 对你的团队成员进行培训，使其了解策略的定义及其所使用的特定格式 • 在战略方向团队中对潜在策略和定位陈述中的策略进行划分 • 回顾具体目标，通过讨论制定一两个用于达成具体目标的关键策略 • 审查关键成功因素和障碍，确保每个关键成功因素和障碍都有对应的解决策略。如果并非如此，则根据需要添加策略 • 同样，审查指定的定位声明，确保每个定位声明都应对应的解决策略。如果并非如此，则根据需要添加策略 • 一定要审查先前在规划流程中确定的潜在策略 • 适当合并策略，尤其是考虑类似的重点和实施时间表时 • 开展质量检查 • 为确定优先级排序，提供一段结构化的游说时间 • 使用表决选择流程，让团队决定优先级策略 • 给每个优先级策略分配一个负责人，引领行动计划的制订 • 确定每个优先级策略的交付成果

质量检查
• 策略是否被表述为要完成的活动，而不是要实现的结果？ • 策略是否为“动词+宾语+目的”的格式？ • 策略是否针对的是关键成功因素和障碍？ • 是否在策略实施后，极有可能会实现目标？ • 是否已确定优先级策略？是否已明确每个优先级策略的交付成果？

概述

当涉及战略规划时，策略能够发挥实际作用。到目前为止，我们所做的所有工作都是为了达到这一步，即确定和选择值得关注的关键策略。此前，你已完成了对现状的评估。你已经创建了一个未来的愿景，确定了你的使命和战略方向，建立了具体的可量化的目标，对指导你的行动的原则达成了共识，确定了关键成功因素和阻碍成功的障碍。在现在这一阶段，你要明确你的团队将要进行的广泛活动（策略），从而将你的愿景变成现实。

我们建议在制定策略时使用一个特定的格式，如下一秘诀中所述。

秘诀 21　**为了确保你的策略明确清晰，应使用"动词+宾语+目的"的格式。**

因为策略是"广泛的活动"，该"动词+宾语+目的"格式以行动（动词）开头，陈述对什么采取行动（宾语），并解释为什么（目的）。下面的策略示例显示了"动词+宾语+目的"的格式。

策略示例

- 充分利用现有的客户知识，通过制定并实施垂直营销战略以增加收入。
- 实施激励计划，奖励在生产力、帮助客户成功和客户满意度方面表现出色的员工。
- 每个季度举行至少有三家代理机构参加的简报会，听取他们的需求并告知他们我们的计划和方向等方面的最新信息。
- 改进合作伙伴计划，以增加合作伙伴数量、收入和剩余收益。
- 重新设计我们的产品开发流程，缩短周期时间，提高效率。
- 与日本制造商建立伙伴关系来改造东北工厂。
- 在会议后举行季度委员会交流会，增加会员参与率。
- 实施相关方案全面推动我们的成功，成为一个优质制造商。
- 制订一个管理者"职业发展"计划，以提高管理人员领导其团队的能力及提高士气和生产力的能力。

“策略”动词

在“动词+宾语+目的”格式中，动词的选择是很重要的。

秘诀 22 | **在制定策略时，一定要以一个“策略”动词而不是一个“具体目标”动词开头。**

如第 9 章所述，下表说明了具体目标动词和战略动词之间的差异。表格左侧的动词往往会使你描述要实现的结果。表格右侧的动词往往会使你描述要采取的行动。具体目标注重结果，而策略注重行动。

具体目标动词示例（定量动词）	策略动词示例（限定动词）
增加	建立
减少	制定
实现	实施
保持	构建
让	创建

将“结果”陈述转变为策略

在制定策略时，团队成员制定的策略阐述的是一个结果，而不是活动，这是很常见的。通过问“该怎么做”，你能帮助他们把结果转换成活动。例如，假设一个团队成员给了下面的“结果”陈述作为一项策略。

结果陈述而不是策略 | “如果我们的具体目标是让我们 80%的人员实现其业绩目标，我认为实现这一目标的最佳策略是提高员工的士气和生产力。”

当然，这不是一个策略，而是一个结果。此人给出了我们的“动词+宾语+目的”格式中的“目的”。为了帮助将这个目的陈述转换为策略，你会问：“那么，我们应该怎么做才能增加员工的士气和生产力？”接下来，这个人所说的内容很可能就是策略。例如，此人可能会说：“我们会通过向我们的管理人员提供如何激励员工的培训来实现这一点。”因此，在这种情况下，该策略的内容如下。

实际策略	向我们的管理人员提供如何激励员工的培训来提高员工的士气和生产力。

优先级排序

如果你是一个经验丰富的策划师，你会知道，大部分规划工作会产生非常多的策略，而你无法立即全部实施这些策略。大多数企业在顺利的情况下一年至多能实施 6 ~ 12 个战略举措。然而，很多团队最终会制定 25 ~ 40 个潜在策略，曾与我一起工作过的一个团队甚至制定出 100 多个策略！你如何决定首先实施哪些策略？你如何确定你的优先级？

有许多优先级排序方法。

点数法	一些组织使用点数法，根据所需设定的优先级数量，每个团队成员收到一定数量的投票贴。你的团队成员被告知把他们的投票贴贴在那些他们认为应该首先实施的策略上。得到点数最多的策略在优先级上被放在首位。
加权评分法	其他组织使用更复杂的分析方法，如加权评分法：团队根据预先设定的一系列标准对各个策略进行打分。每个标准都赋予一定的权重，一个策略的加权分数通过该策略在各个标准中的得分乘以该标准的相应权重，最后将乘积相加得出。加权得分最高的策略在优先级上被放在首位。
混合法	还有一些组织采取一种混合法，例如，他们利用“高—中—低”比例，根据很少的几个标准来评估每个策略。然后，他们使用点数法来确定最终的选择。

无论你和你的团队使用哪种方法来确定优先级，都要记住四个基本概念。

明确人们设置优先级所应使用的标准

如果没有一组通用标准，则你的团队成员将使用他们所认为的重要的作为标准。不幸的是，在许多情况下，一个人的个人标准可能与组织的标准有很大不同。例如，一个人的优先级排序的唯一标准可能是基于各策略对其所在部门的有益程度——一种相当短视的观点。这将我们引向了下一个秘诀。

秘诀 23 在设置优先级时，让你的团队成员确定一组共同的考虑标准。拥有标准通常有助于团队更快地达成一致，因为他们能够通过相同的视角来审视备选方案。

考虑至少使用这三个标准。

对具体目标的影响	如果策略成功实施，将会对实现关键具体目标带来什么影响？
成功的可能性	如果决定实施策略，则其成功实施的可能性有多大？
成本效益比	相较于实施策略所需的成本和资源，这一策略预计将产生的有形和无形的结果如何？

在投票表决之前提供一段游说时间

在设定优先级排序时，驱动力模型建议提供一段游说时间，让每个团队成员都有机会确定和解释为什么应该支持某些特定策略。应该在即将任何投票活动时进行游说。例如，如果你的团队会根据标准给策略打分，我们建议在打分之后和投票之前进行游说。

秘诀 24 **在对优先级进行投票表决之前，提供一段受控游说时间，以达成强有力的共识和承诺。**

受控游说是如何进行的？我通常给每个人 30 ~ 60 秒的时间来向小组说明要支持的最重要的策略及其原因。关键在于“原因”。通过解释为什么应给予支持，每个人都有机会通过该游说流程来影响别人的意见。

我发现游说通常会导致两个重要的结果。首先，当你的团队成员反复多次听到对几个策略的支持时，该流程有助于围绕特定的解决方案达成共识。其次，在完成优先级排序后，在分配落实责任时，人们更容易自愿负责他们所游说支持的项目。

认识到得分不等于决策

无论是使用点数法、加权评分法还是混合法，结果通常是一个表明对某一策略的支持程度的数字。重要的是要认识到，该数字仅仅是所做分析的结果，并且应该作为最后的决定的参考项，而不是最终决定本身。在团队根据各个策略的所得分数对其进行排名后，他们应该接受根据得分所得出的最终优先级，或者根据需要对顺序进行调整。

例如，一个组织在优先级排序后意识到没有一个内部活动（如员工发展、技术升级）获得足够高的分数而排在前面。然而，因为要继续进行下面的流程，同时也因为要向员工发出“内部改进很重要”这一信息，团队同意将这些策略之一加到优先名单上。

保存不在优先名单上的策略

优先级排序流程的关键是确定将首先实施的策略。这并不意味着其他策略并不重要，只是意味着它们将不被首先实施。

那么，如何处理那些没有成为优先级策略的其他策略呢？在驱动力模型中，它们会被加入战略文件当中（正如你会在第 14 章所看到的），在季度策略监控流程中会对它们进行审查，以确定是否应启动这些策略。

流程

在你制定策略和确定优先级排序的流程中，必须考虑以下几个关键点。

流程中的关键点	• 该流程应该考虑在整个流程中所确定的许多潜在策略，特别是那些在简报手册回顾中所阐明的。

- 你制定的每个策略必须显著有助于实现具体目标、创建关键条件和克服关键障碍。
- 该流程应适当合并类似的策略。
- 该流程必须产生一个指明从哪里开始实施的优先级列表。

为了包含这些关键点，驱动力模型包括以下流程。

1	进行策略培训	作为首要事项，应对你的团队成员进行培训，使其了解策略的定义及其所使用的特定格式，从而开始讨论策略。
2	将潜在策略和定位声明中的策略区分开来	在整个规划流程中，你的团队已经确定了许多潜在策略，在策略制定过程中，这些潜在策略将被记录下来并纳入考虑。这时，你会想将每个潜在策略和定位陈述中的策略分配到最合适的战略方向团队中进行考虑，因为该团队会创建完成具体目标所需的策略列表。
3	以讨论的方式为战略方向制定策略	由于每个战略方向领域都需要一定量的时间，我强烈建议使用分组来制定策略。像往常一样，如果你使用分组（如果时间允许），在进行分组前整个团队为一个战略方向制定策略，这样是比较有帮助的。这将帮助大家更好地了解策略制定流程和要实现的结果。 策略制定流程首先是要回顾战略方向领域中的各个具体目标以及使用讨论的方式制定实现这些具体目标的策略。确保每个策略都为“动词+宾语+目的”的格式。
4	确保包含关键成功因素、障碍和定位声明	在通过讨论确定各个具体目标的策略后，团队必须确保每个关键成功因素、障碍和定位声明都对应至少一个解决策略。如果关键成功因素、障碍或定位声明未得到解决，则团队应该根据需要添加策略。

5	考虑提前制定潜在策略	在潜在策略中可能有额外的概念需要考虑。让团队从头到尾进行审阅，考虑分配到每个战略方向下的各项潜在策略。
6	在适当情况下合并策略	策略制定中的一个关键步骤是在适当时合并策略，这是很重要的。在优先级排序后，只有有限的几个策略会首先得到实施。因此，应考虑合并目的相似的策略、能够合并为一个更全面的代表多个步骤的策略或者如果不一起实施便不完整的策略。
7	开展质量检查	审查每一个质量检查项目，确保策略都达到标准。
8	审查所制定的策略是否完整、重叠	在分组团队完成自己的工作后，下一步是审查策略。本次审查过程的目标是确保策略将确实会实现具体目标并且在适当时对战略方向领域的策略进行合并。 为了完成该审查，向所有规划团队成员展示策略是非常有帮助的。因此，我经常要求团队将每一个策略记录在一张单独的纸上，并要求他们将策略贴在房间内专门为粘贴策略纸张留出的墙上。然后，我要求整个团队来到该墙壁前面，审查每个战略方向领域的策略。这一审查往往会合并不同的战略方向领域的策略，因为这两个策略是类似或相关的。
9	进行游说，以达成共识和做出承诺	如前所述，游说是一种可以用来围绕几个策略达成共识并提升成员对参与实施的责任感的有效方法。在游说过程中，每个团队成员都有机会支持特定的策略，并解释为什么他们认为应对这些策略给予支持。
10	确定优先级策略	游说之后，团队可以开始投票和确定优先事项。为了实现这一点，你让大家进行投票、计票，并让小组得出关于优先项目的结论。 我喜欢使用投票贴，因为该方法让大家站起来，对小组的普

遍情绪给予可视化表现。不幸的是，那些在点数法流程上经验丰富的人往往静坐旁观，让别人先投票，这样他们可以使用自己手中的投票贴左右最终决定。为了限制这种效果，我故意只留出有限的投票时间（通常 5 分钟），减少“摇摆”投票的时间。

在使用投票贴时，我通常使用两种颜色（如蓝色和红色）来进行加权投票。蓝色投票贴相当于三个点，红色投票贴相当于一个点。我让大家把他们的“蓝筹股”贴在对他们最重要的策略上。

我也坚决要求，一个人只能在任何一种策略贴一个投票贴。这样，投票贴的数量将真正表现出支持这一策略的人数。任何人不得通过将其所有投票贴放在单个或几个策略上来决定一个优先事项。

提供的投票贴数量会有所不同。根据经验，我通常提供策略数量的 20% ~ 30%，或者 8 ~ 12 个投票贴，并将这些投票贴平分为两种颜色。

在投票结束并已统计完分数后，你就可以从上到下对策略进行排名。然后，可以使用在第 6 章所述的少数服从多数流程来取得共识。

11 指定行动计划的领导者

优先级设置完成后，你现在可以指定各个优先级策略的领导者。作为小组的领导者，你可以选择策略的领导者，要求志愿者，或者“要求”某个特定的人成为志愿者（有人称这最后一个选项为“被自愿”）。

行动计划领导者负责将团队聚集在一起，为分配到的优先级策略共同制订一个详细的行动计划。该行动计划详细说明了将完成什么，将如何完成，每一步将由谁执行，截止到什么时候，必要的资源和现金支出成本。行动计划还将为策略指定一个总体负责人。在某些情况下，所指定的制订行动计划的领导者也将成为策略负责人。然而，通常情况下，在行动

		计划流程中会指定一个不同的人来担任策略的整体负责人。因此，在流程中，行动计划领导者此时的作用仅仅是将团队聚集在一起，制订行动计划。
12	确定每个优先级策略的交付成果	我发现，行动计划团队往往很难理解他们工作的范围和行动计划需要包含什么。为了有助于解决这个问题，我建议为每个团队明确优先级策略应该产生的具体交付成果。有了明确的交付成果作为参照，行动规划团队可以专注于制定创建这些交付成果的步骤。 虽然明确交付成果确实是行动计划的一部分，但我发现，在优先级排序和分配流程结束时明确交付成果是最有帮助的。这是因为许多行动计划团队会立即着手他们的工作。明确交付成果将有助于他们从正确的方向开始。参见第 13 章交付成果的例子。

质量检查

如果你和你的团队在制定策略和优先级方面进展顺利，你能够对下列问题给出肯定的回答。

质量检查

- 策略是否被表述为要完成的活动，而非要实现的结果？
- 策略是否为动词、宾语和目的的形式？
- 策略是否解决了关键成功因素和障碍？
- 是否在策略实施后，极有可能会实现目标？
- 是否已确定优先级策略？是否已明确每个优先级策略的交付成果？

你在策略、优先级和交付成果中的角色

策略描述了组织为了实现具体目标所做的工作，具体目标是为了完成战略方向，而战略方向是为了实现组织的使命。下表列出了你在所制定的策略中的角色：

领导者的角色	• 确保提出任何你认为应该实施的策略。如果没人建议实施这些策略，则你应该提出。 • 确保策略（如果已得到实施）确实实现了先前制定的具体目标。 • 当游说完成后，结束游说，以免影响别人所说的。 • 确保成为行动计划领导者的人同时拥有协调行动计划制订的激情和能力（“意愿和技能”）。如果你担心某些主动承担该工作的人可能没有同时兼备激情和能力，考虑让他们与具有互补特征的其他人合作。

第 4 部分　执行和监控

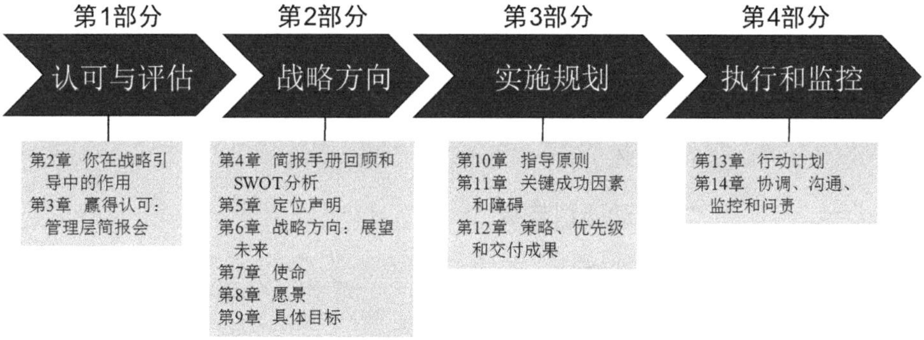

第1部分
认可与评估
第2章　你在战略引导中的作用
第3章　赢得认可：管理层简报会
第2部分
战略方向
第4章　简报手册回顾和SWOT分析
第5章　定位声明
第6章　战略方向：展望未来
第7章　使命
第8章　愿景
第9章　具体目标
第3部分
实施规划
第10章　指导原则
第11章　关键成功因素和障碍
第12章　策略、优先级和交付成果
第4部分
执行和监控
第13章　行动计划
第14章　协调、沟通、监控和问责

第 13 章
行动计划

- 综述：行动计划
- 概述
- 行动计划范本
- 格式定义
- 交付成果
- 流程
- 质量检查
- 你在行动计划中的角色

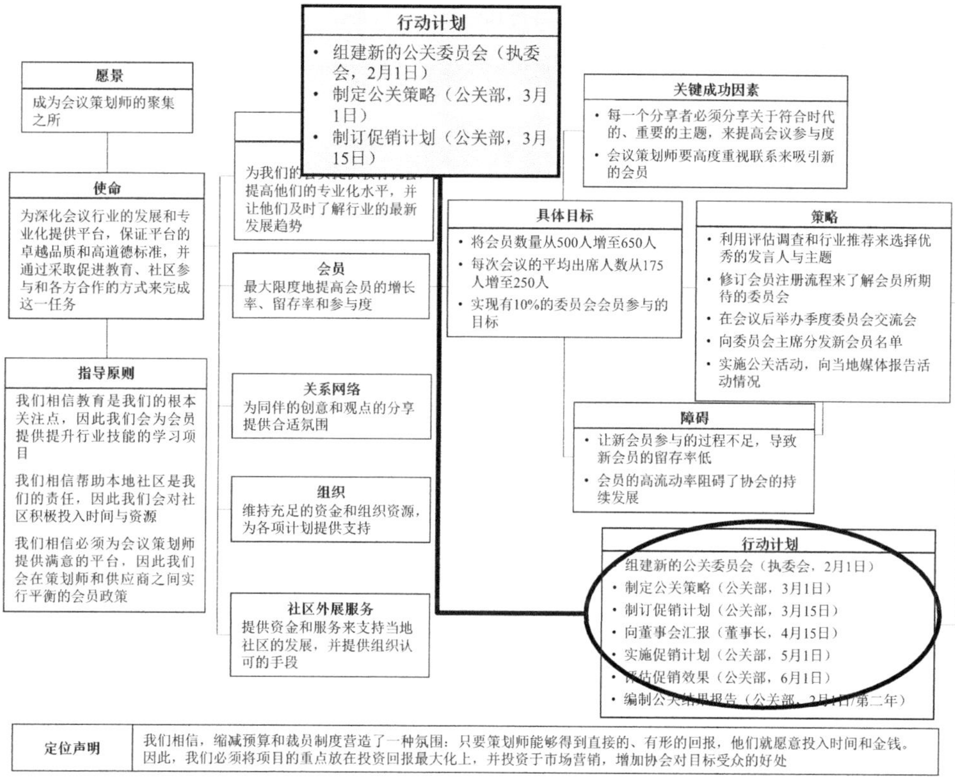
行动计划
• 组建新的公关委员会（执委会，2月1日）
• 制定公关策略（公关部，3月1日）
• 制订促销计划（公关部，3月15日）
愿景
成为会议策划师的聚集之所
使命
为深化会议行业的发展和专业化提供平台，保证平台的卓越品质和高道德标准，并通过采取促进教育、社区参与和各方合作的方式来完成这一任务
指导原则
我们相信教育是我们的根本关注点，因此我们会为会员提供提升行业技能的学习项目
我们相信帮助本地社区是我们的责任，因此我们会对社区积极投入时间与资源
我们相信必须为会议策划师提供满意的平台，因此我们会在策划师和供应商之间实行平衡的会员政策
为我们的
提高他们的专业化水平，并让他们及时了解行业的最新发展趋势
会员
最大限度地提高会员的增长率、留存率和参与度
关系网络
为同伴的创意和观点的分享提供合适氛围
组织
维持充足的资金和组织资源，为各项计划提供支持
社区外展服务
提供资金和服务来支持当地社区的发展，并提供组织认可的手段
关键成功因素
• 每一个分享者必须分享关于符合时代的、重要的主题，来提高会议参与度
• 会议策划师要高度重视联系来吸引新的会员
具体目标
• 将会员数量从500人增至650人
• 每次会议的平均出席人数从175人增至250人
• 实现有10%的委员会会员参与的目标
策略
• 利用评估调查和行业推荐来选择优秀的发言人与主题
• 修订会员注册流程来了解会员所期待的委员会
• 在会议后举办季度委员会交流会
• 向委员会主席分发新会员名单
• 实施公关活动，向当地媒体报告活动情况
障碍
• 让新会员参与的过程不足，导致新会员的留存率低
• 会员的高流动率阻碍了协会的持续发展
行动计划
• 组建新的公关委员会（执委会，2月1日）
• 制定公关策略（公关部，3月1日）
• 制订促销计划（公关部，3月15日）
• 向董事会汇报（董事长，4月15日）
• 实施促销计划（公关部，5月1日）
• 评估促销效果（公关部，6月1日）
• 编制公关结果报告（公关部，2月1日/第二年）
定位声明
我们相信，缩减预算和裁员制度营造了一种氛围：只要策划师能够得到直接的、有形的回报，他们就愿意投入时间和金钱。因此，我们必须将项目的重点放在投资回报最大化上，并投资于市场营销，增加协会对目标受众的好处

综述：行动计划

定义	实施策略的具体步骤，包括要做什么、由谁做、何时做，以及所需的资源

范例	（见下面的行动计划范本部分）

成功策略

- 确定策略的交付成果。回答这个问题："当我们完成后，我们将会获得什么？我们将完成什么？"
- 对于每个交付成果，应按时间先后顺序列出主要活动
- 对于每个活动，确定负责人和截止日期。在设定日期时，你会发现，首先对最后一个活动设定一个日期，然后再从后向前设定日期，这样做是非常有益的
- 评估完成每项活动所需的现金支出成本和内部时间量（工时）
- 在对各个活动进行评估后，记录总成本、工时和到期日
- 决定实施行动计划的整体负责人
- 开展质量检查

质量检查

- 是否确定了所有的关键交付成果？是否在完成交付成果后策略便可完成？
- 是否确定了所有的重要行动？每个行动的措辞是否能够清晰阐明需要完成什么？是否在所有的行动都完成后将产生所有交付成果？
- 是否确定了每个行动的负责人？
- 成本和日期是否合理？行动步骤之间是否不超过 60 天？
- 考虑到预期影响，成本和时间是不是值得的？

概述

优先级排序完成后，一个组织可能会确定 6 ~ 10 个优先举措，这些举措将会共同推动该组织朝着特定策略方向前进。规划流程中的下一步是制订详细的行动计划，以确保完成每个优先事项。

为什么要制订一项行动计划？行动计划有几个优势，如下所述。

行动计划的优势

- 组织可以确认，实施策略所需要的资源与所获得的利益相比是值得的。
- 在行动完成时，可以明确团队的交付成果和步骤。
- 该组织有一个监控行动实施进展的路线图。
- 可以对所有的行动计划进行归纳总结，确定资源需求并制订满足这些需求的资源计划。

每个优先级策略的行动计划通常由 2 ~ 5 人的小团队来制订。行动计划的领导者负责为其团队招募成员。在团队形成后，各团队通常会分别工作几个星期，制订行动计划。然后，各团队会一起开会，审查和批准将要实施的行动计划。

另一种行动规划方法：员工简报会

在过去的几年中，我一直采用不同的方法来制订行动计划。我们把全体员工召集起来，召开了半天简报会来回顾整个计划，获得他们的信息输入和建议，为工作人员提供一个自愿成为行动计划的一个组成部分的机会，而不是让团队领导者选择其成员。

员工简报会通常在上午举行。然后，在同一天的下午，那些自愿参与行动计划团队的人员会来参加对行动计划流程的定位。在定位完成后，小组划分成单独的行动计划团队，在下午各自制订其行动计划。

并不是所有的团队都能够在当天下午完成他们的行动计划，但是员工简报会、行动计划定位和行动计划制订流程通常会提供所需的认可、教育和重点，从而极大地推动流程。

行动计划范本

下面显示了一个行动计划范本。

行动计划范本

策略	C1. 制定一个最佳的产品开发流程，提高盈利速度，降低投资回收并开始获利的时间				
支持的具体目标	运营：1. 实现四个月的平均产品开发时间 盈利能力：4. 在三年内将投资回收并开始获利的时间缩短 20%				
负责人	工程部				
交付成果	推荐产品开发流程的描述 在一个试点项目中测试建议的结果 文档编制、培训和在全公司范围内实施				
截止日期	5 月 1 日/第二年	人/天	211	总成本	85 000 美元

行动步骤	负责人	截止日期	人/天	成本
1. 选择和确定咨询专家	工程部	3 月 1 日	4	0
2. 确定咨询专家合同	工程部、财务部	3 月 15 日	2	75 000 美元
3. 分配内部人员在团队中与咨询专家开展合作（四人、兼职）	工程部、市场营销部	3 月 15 日	1	0
4. 概述当前产品开发流程并确定其优点和缺点	团队	4 月 1 日	8	0
5. 至少以三个其他组织机构作为比较基准	团队	5 月 15 日	28	7 500 美元
6. 确定所需的产品开发流程	团队	7 月 1 日	56	0
7. 提交试点测试比并获得批准	团队、行政人员	7 月 15 日	8	0
8. 实施试点项目	团队	9 月 1 日	28	0
9. 提供试点项目的临时更新备忘录	团队	11 月 1 日	16	0
10. 编制试点评估报告	团队	1 月 15 日/第二年	8	0
11. 修改产品开发流程	团队	2 月 1 日/第二年	16	0
12. 获得批准进行全面实施	团队、行政人员	3 月 1 日/第二年	8	0
13. 全面编制新流程	团队	4 月 1 日/第二年	8	0
14. 提供指导和培训	顾问	4 月 15 日/第二年	8	2 500 美元
15. 实施新的流程	团队	5 月 1 日/第二年	8	0

格式定义

下面显示了行动计划的各组成部分的定义。

策略	针对行动计划所编写的策略。
支持的具体目标	该策略有助于实现这些具体目标。
负责人	对确保行动计划的实施负全面责任的个人或组织机构。
交付成果	执行行动计划步骤所产生的有形产出。
截止日期	完成一个行动步骤或总体行动计划的日期。
人/天	完成行动计划所需的内部资源的数量（包括员工或不需要额外成本的其他人力资源的时间，如志愿者、董事会成员和已经签订合同要在行动计划期间工作的承包商。例如，如果三个人共同在一个行动步骤上花费两天的时间，则产生六个人/天）。
成本	“成本”指的是现金支出成本，包括不得不花费额外成本的项目（如设备），包含在人/天中的资源成本不应纳入现金支出成本。
行动步骤	为完成策略所要实施的具体活动，通常与一个或多个交付成果相关。
负责人	参与步骤的人员或部门。

交付成果

交付成果清单是行动计划制订中的焦点。从本质上讲，在所有交付成果都创建出来时，便意味着策略已经完成。这将引出下一个秘诀。

秘诀 25 你可以通过首先明确交付成果，然后明确创建这些交付成果所需的行动步骤，专注于你的行动计划工作。

为了明确你的交付成果，让你的行动计划团队回答下列问题：

用于确定交付成果的问题

- 完成后，我们将获得什么？
- 我们创造了什么？
- 有什么证据证明我们的交付成果？

注意，交付成果可以有多种类型。一些交付成果可能是最终产出，而另一些可能只是临时工作产出。以下是常见的交付成果类型及其示例。

常见的交付成果类型（举例）

临时工作产出：	优势和劣势清单。
最终产出：	建议报告。
行动证据：	在一个试点项目中测试建议的结果。
完成：	在全公司范围内实施。
结果：	周期时间缩短了 20%。

三个策略示例的交付成果清单如下：

交付成果示例

策略	交付成果
制定并实施垂直营销战略，利用我们的知识和与现有客户的关系，增加收入	• 垂直市场目标的确定 • 现有客户名单和前三年的垂直市场收入 • 经批准的垂直市场收入目标（至少比前一年增长 20%） • 增加垂直市场收入的计划（至少有三项创业举措）

续表

	• 实施的计划
制订并实施一个“职业发展”计划，以提高管理者指导（教练）/激励自己团队的能力，并培养经理候选人，从而将公司带领到一个新的水平	• 计划的具体目标清单 • 感兴趣并且经领导团队批准的、要为管理职位进行培养的员工 • 在培训之前和培训后 90 天 360°评估经理和经理候选人 • 发展计划有至少 60%的现有经理和经理候选人参加 • 所有参与者对计划进行评估
改进合作伙伴计划以增加伙伴数量收入和剩余收益	• 经批准的合作伙伴计划更改清单 • 在材料和网站上对实施的合作伙伴计划进行的更改

流程

明确交付成果是行动计划的一个关键步骤。如前一章所述，我经常会让整个规划团队明确每个优先级策略的交付成果，然后要求行动计划团队完善该清单并根据需要对整个规划团队提出修改建议。

无论你是使用传统的行动计划方法还是替代方法（包括员工简报会，后面跟一个下午行动计划会议），下面的步骤都详细介绍了每个行动计划团队应实施的活动。

1	明确交付成果	除非已在早些时候完成，否则在确定优先战略后，行动计划的第一步是确定关键交付成果或工作产出。让你的团队回答这些问题：“完成后，我们将获得什么？我们创造了什么？有什么证据证明我们的交付成果？”
2	列出针对每个交付成果的活动	在明确交付成果后，下一步是按时间顺序列出创建每个交付成果所需的主要活动。我发现，通过将步骤集中在创建每个交付成果上，团队更容易确定他们需要做什么。
3	明确每个活动的负责人和截止日期	在列出所有的活动后，明确每个活动的细节，首先是负责人和截止日期。注意，在行动计划中，你先浏览活动纵列来了解所有的步骤。只有在你掌握所有步骤后，你才能浏览各行，了解细节。

		• 为了保持一致性，用“动宾”格式：每个动作以动词开头，后面跟着行动的作用对象（如“实施和评估第一个试点项目”）。 • 如果有不止一个负责人，则列出所有负责人的名字。负首要责任的负责人名字列在第一位。 • 在设定日期时，你会发现，首先对最后一个活动设定一个日期，然后再从后向前设定日期，这样做非常有益。 • 虽然月度活动是首选，但应考虑让行动步骤之间的间隔时间不超过 60 天，以便充分监控进展情况。
4	评估内部时间和现金支出成本	根据本章前面所描述的定义,对每个行动步骤进行内部时间和现金支出成本的评估。
5	记录总的内部时间、总成本和截止日期	在对各个活动进行评估后,你的团队应该总结出行动计划模板顶部的总人天和总成本。作为行动计划步骤的最后日期，他们还应该记录截止日期。
6	决定实施行动计划的总体负责人	记住，行动计划领导者的作用是与团队共同创建行动计划。然而，在行动计划编制完成后，行动计划被移交给指定的负责人,该负责人的工作是监督行动计划的执行。通常情况下，行动计划的领导者将成为行动计划的负责人。然而，另外指定一个人担任负责人这种情况也并不少见。在确定负责人时，考虑以下因素： • 根据行动计划的步骤，谁在推动行动计划实施方面参与度最高？ • 如果行动计划得到落实，谁将获益最多？ • 如果行动计划未得到落实，谁将损失最多？ • 如果拟议的负责人没有参与制订行动计划，将采取哪些措施来让拟议的负责人了解基本情况和获得此人的认可？

7	开展质量检查	让你的团队开展每项质量检查，确保其行动计划的质量。
8	召开行动计划审批会议	行动计划可以让所有团队成员详细了解想要实现他们指定为首要任务的策略，需要什么。在编制完所有行动计划后，召开一项行动计划审查会议，让你的整个策划团队能够审查各个行动计划并对每个计划提出具体建议，如下： • **实施**：按照所制定的内容执行行动计划。 • **修改并实施**：在做出审查过程中确定的修改后，执行行动计划。 • **修改并重新提交**：根据审查过程中提出的意见修改行动计划，并重新提交进行审议。 • **延迟或放弃**：不要在此时实施行动计划。

质量检查

你如何确保你已经制订了完善的行动计划？考虑进行下面的质量检查。

质量检查	• 是否确定了所有的关键交付成果？是否在完成交付成果后策略便可完成？如果不是，你应该添加交付成果和创建它们的行动步骤。 • 是否确定了所有的重要行动？每个行动的措辞是否能够清晰阐明需要完成什么？是否在所有的行动都完成后将产生所有交付成果？如果不是，可能需要增加额外的行动。 • 是否确定了每个行动的负责人（一个或多个）？如果不是，进行添加。 • 成本和日期是否合理？行动步骤之间是否不超过 60 天？如果不是，根据需要进行修改。 • 考虑到预期影响，成本和时间是不是值得的？如果不是，试图减少行动计划的范围，以更符合预期影响，或者考虑建议取消该策略。

你在行动计划中的角色

行动计划详细列述了完成每个优先级策略所需的步骤。在你的角色中，你要确保组织在每个行动计划中所做的投资能够获得值得的可能回报。考虑以下几点：

领导者的角色	• 为完成所有行动计划的制订确定一个日期，让行动计划领导者负责确保行动计划的落实。 • 确保重新召集你的团队，审查行动计划，并决定哪些可以按照书写的计划内容实施，哪些需要修改，哪些需要延迟或放弃。 • 准备询问每项行动计划的棘手问题，并鼓励所有团队成员也这样做。行动计划是现实的吗？是否已经足够完善？是否值得投资？是否足够详细，便于按月监控？

第 14 章 协调、沟通、监控和问责

- 综述：协调、沟通、监控和问责
- 概述
- 协调
- 沟通
- 监控
- 问责
- 流程
- 质量检查
- 你在协调、沟通、监控和问责中的角色

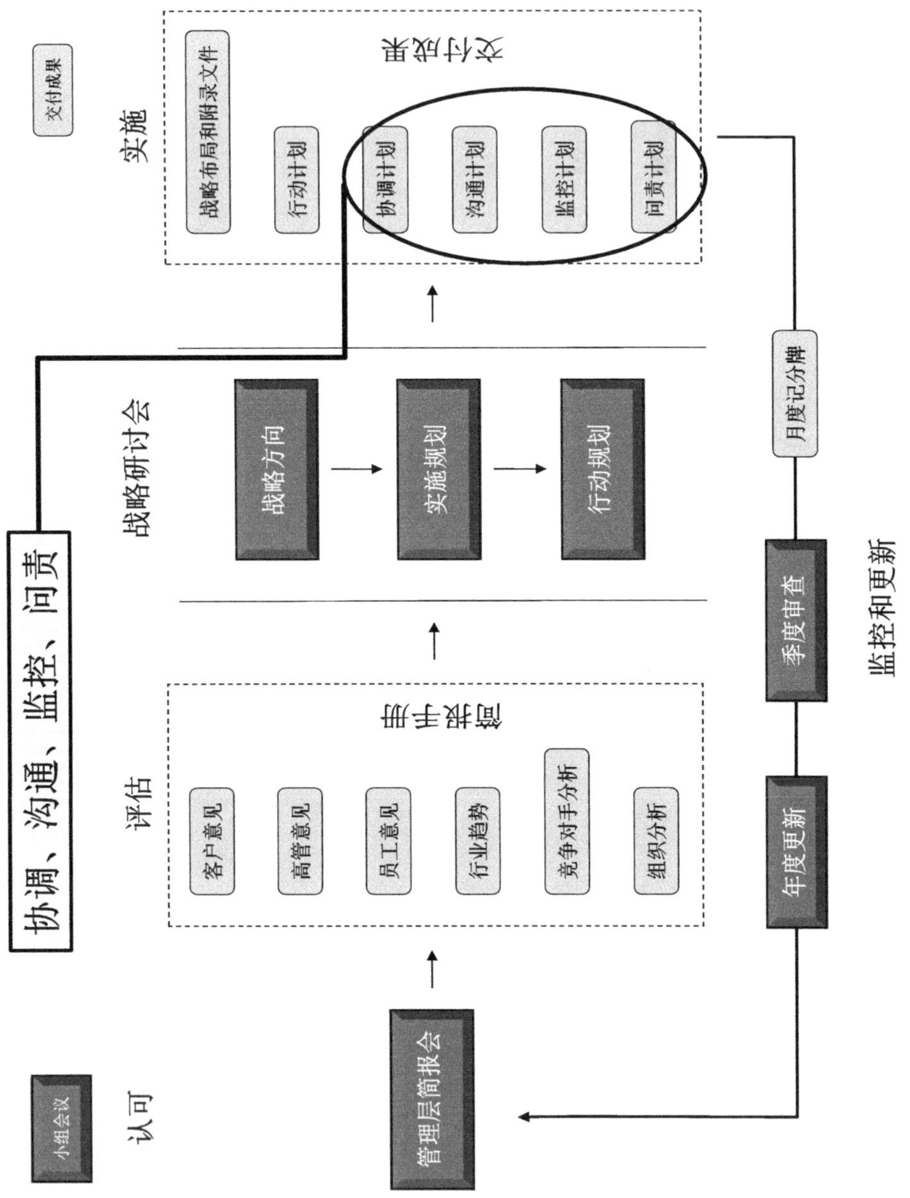
协调、沟通、监控、问责
小组会议
交付成果
认可
评估
战略研讨会
实施
管理层简报会
客户意见
高管意见
员工意见
行业趋势
竞争对手分析
组织分析
简报手册
战略方向
实施规划
行动规划
战略布局和附录文件
行动计划
协调计划
沟通计划
监控计划
问责计划
交付成果
年度更新
季度审查
月度记分牌
监控和更新

综述：协调、沟通、监控和问责

定义	该流程描述了协调组织与计划以及监控执行情况将采取的步骤，包括一个基于绩效的奖惩制度

范例	• **一次性**：组织将确定和实施对组织结构、活动、职务、流程、系统和奖励的调整，以推动计划的实现。我们会在沟通计划的基础上与所有利益相关者进行沟通 • **月度**：策略负责人将更新行动计划状态，以确保我们正在实施我们此前制订的计划。总体计划协调员将向规划团队的所有成员分发一份报告 • **季度**：规划团队将开会审查策略状态和具体目标进展情况，将决定停止或者继续目前的哪些策略以及启动哪些新的策略，将基于问题和优先顺序调整具体目标 • **年度**：规划团队将开会审查年度进展情况，确定新的障碍和关键成功因素，更改具体目标，并重新确定优先事项和行动计划 • **奖励**：到本年底完成交付成果的团队将获得额外一笔年度奖金 • **后果**：对没有完成月度活动目标的团队领导者将推出问责模板，并告知后果

成功策略

- 确定使组织与战略规划协调一致的步骤
- 明确该计划应传达给谁、所需要的信息、沟通媒介物、相关负责人和对应各位受众的截止日期
- 明确用于月度、季度和年度监控的流程
- 确定问责的奖惩办法
- 设立月度检查、季度审查和年度更新的日期
- 选择担任监控活动协调的人员

质量检查

- 是否确定了为推动计划的实现而应对组织结构、活动、职务、流程、系统和奖励进行的调整？
- 是否就如何将适当信息传达给关键受众制订了一个详细阐明其流程的沟通计划？
- 是否明确了一个监控进展情况的流程？

续表

• 该流程是否包含监控策略和具体目标实施情况的方法？
• 该流程是否提供了一个修改和添加新的策略和具体目标的机会？
• 该流程是否包括一个宽泛的报告进展情况的元素？
• 是否建立了奖惩制度？

概述

转入执行

“我如何将这个计划从书面文字转变为实际执行？”

一位中型服务组织机构的首席执行官如此问道。他对现状感到非常沮丧。他的组织已经接近完成一项为期三年计划的第二年，正准备举行年度更新会议来审查进展情况，并为第三年做出调整。

当他的领导团队两年前完成该计划的编制时，大部分高层领导对于有一个指引组织取得长期成功的明确的方向非常兴奋。但在去年的第一次更新时，很明显，在之前的12个月该计划几乎未得到贯彻执行。

“虽然有一些行动已经开始，但都没有完成，甚至许多被完全忽视。”首席执行官说，“我们都同意今年要更好地贯彻落实这一文件。但是在过去的一年跟第一年差不多，我们很少关注这个计划。”

该组织机构通过实施削减成本的战术步骤和实施短期收入改善计划，实现了收入和盈利目标。但是，相比12个月前，其未来定位情况未得到改善。现在，仅有一个月的时间就要举行另一轮计划更新会议了，该首席执行官担心其让组织专注于执行计划的能力。

为什么难以让计划得到落实？为什么难以让一个团队投身于和专注于那些在某一时刻对他们来说是很重要的长远举措？为什么大多数计划被束之高阁，从来没有被充分执行？

导致执行失败的原因有多种，下面阐述了我发现的四个主要陷阱。

紧迫性原则

许多计划成为我所说的紧迫性原则的牺牲品，该原则来自史蒂芬・柯维所编著的《高效能人士的七个习惯》中的时间管理矩阵（见下文）。在大多数组织中，人们很容易把重点放在强烈要求人们注意的事情上（高紧迫性但低重要性）或忙于时间紧迫的事情（高重要性且高紧迫性）。但是，由于战略规划通常在柯维的第 1 象限中（高重要性但低紧迫性），因此需要给战略规划让位。

紧迫性原则：不紧迫的事情很少得到执行。

监控和问责程序必须将战略重点从第 1 象限移到第 2 象限（高重要性且高紧迫性）。在本章中，你将学习如何做到这一点。

柯维时间管理矩阵

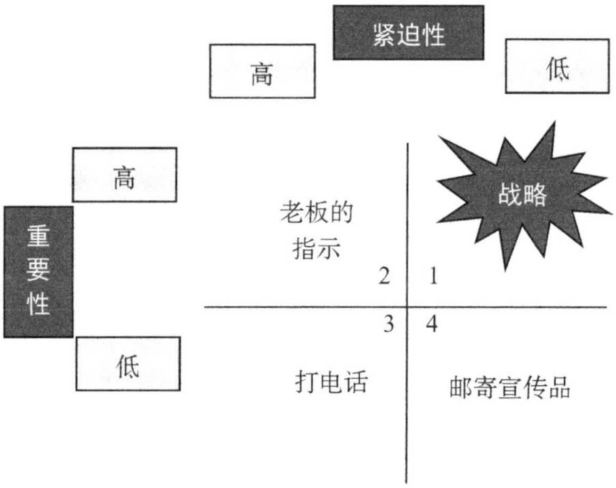

缺乏审查

管理大师早就知道，受到监测的东西会得到改善。遗憾的是，很多时候，我们直到一年后进行更新时才会对计划进行回顾。当缺乏审查与紧迫性原则合而为一时，很容易看到成熟的策略由于缺乏重视而宣告中途失败。

缺乏协调

虽然有些计划成为紧迫性原则或缺乏审查的牺牲品，但另一些计划则因组织活力的不同而受到影响。美国南加州大学马歇尔商学院的杰·加尔布雷斯博士对组织活力是这样描述的：“太多组织拥有明天的策略、今天的架构和昨天的奖励制度。”他也是《设计组织：战略、架构和流程执行指南》一书的作者。实际上，我们试图实现一个策略，但不通过调整我们的组织来实现它，也不通过重组我们的奖励制度来支持它。就像一辆失准的汽车，在我们解决潜在的问题前，我们将自然地偏离轨道。

缺乏问责

缺乏回顾和缺乏协调通常会导致策略执行问题的第四个重要原因：缺乏问责。如本章开头的案例所描述的，“我们都同意今年要更好地……”通常是缺乏个人问责时会听到的一个典型回答。当人们被要求对自己的行为或不足负责时，以及对他们的行为结果有积极或消极的影响效果时，通常人们会更加注重执行。

这将我们引向了下一个秘诀。

秘诀 26 **通过实施协调、沟通、监控和问责流程，避免执行陷阱。**

本章着重阐述将你的计划从第1象限移出并坚定地放入第2象限中你所能使用的工具和技术。本章包括以下四个主题：

推动战略实施的本章主题	
	• 协调 • 沟通 • 监控 • 问责

协调

规划，特别是在战略层面上的规划，是会导致组织以与过去不同的方式进行运作的一个或者一系列举措。例如，一个从以产品为中心转向以客户为本的组织需要改变其流程，并且在一些情况下，鼓励员工变化，从而取得成功。同样地，当一个非营利组织选择从社区筹款工具转变为社区变革推动者时，该组织的运作方式和人员奖励方式需要发生显著的变化。如果不进行调整以配合新的方向，一个组织可能成为“驾驶时一只脚踩油门而另一只脚踩刹车”这句古老格言的受害者。

在实施一个新计划时，考虑以下五个方面的协调：

协调领域	• 组织架构。 • 开始、停止、继续的活动。 • 人员和角色。 • 流程和系统。 • 奖励制度。

下面显示了在这五个方面中应考虑的关键问题。

▶ 组织架构：确定组织架构前的策略

在你的战略明确后，你可以决定是否需要改变你的组织架构，以更好地执行战略。

问题	• 哪些变化可能有助于组织架构更好地促进该战略的实施？ • 如何组织其他人来实施类似的举措？ • 如果从头开始构建一个组织架构来实现这一战略，我们如何组织？

当考虑这些组织问题时，要有意识地选择在会议上对备选方案进行讨论的人员。那些狭隘或自私自利的人往往难以接受可能会减少他们领域的资源或完全消除其所在领域的战略方向。尽可能选择那些认可“将组织所有资源都集中在实现集体目标对组织是最有利的”的心胸开阔的人员身上。

▶ 开始、停止、继续进行的活动

新的方向和规划需要资源支持。然而，在我合作过的组织中，很少组织将资金闲置，以专门用于将要制定的策略，从而使资金可以投入策略应用中。相反，他们必须从那些低优先级的活动中抽调资金来支持新的举措。

在这一领域的关键问题包括：

问题	• 基于我们未来的方向，哪些我们今天要做的事情变得不再相关或者与其他事情相比会产生相对较低的价值，从而我们可以停止做？ • 我们可以以不同的方式开始哪些事情，从而为我们的高优先级的活动提供额外资源？ • 基于我们未来的方向，我们应该继续做或更多地做哪些事情？

在与规模较大的组织一起合作时，我发现进行部门级别的“开始/停止/继续”对话是有帮助的。在这种情况下，各部门被要求进行“开始/停止/继续”自我评价，并在会议上提出关于应该停止哪些事情的建议。然后你的管理团队将审查各部门的建议，并做出最后决定。

▶ 人员和角色

围绕活动的“开始/停止/继续”进行讨论可以使关于人员和角色的讨论变得更加容易。在明确组织架构和活动后，下一步是确定各人员的归属和责任问题。再一次，你会发现让开明的、有大局观的人员在会议上进行讨论是非常有帮助的。

问题	• 基于所需的组织架构和活动，我们需要具备哪些尚未具备的核心竞争力？ • 基于我们的未来方向，我们的哪些人更适合安排在组织合适的位置上？ • 我们应该在角色上进行哪些更改？

▶ 流程和系统

有时，新的方向要求使用新的运营模式，包括新的流程和新的系统。例如，从以产品为中心转变为以客户为本的组织将可能需要实施一个客户关系管理系统，以更好地管理和跟踪客户端交互。同样，如果一个组织从主要是具有筹款能力转变为将重点放在召集和动员群体实现社区影响，该组织可能需要与召集和参与等活动相关的新的流程。

协调讨论将回答如下问题：

问题	• 需要首先落实什么新流程才能使我们朝着新方向成功前进？ • 该新方向如何影响我们的运作方式？我们需要改变什么东西？ • 需要哪些系统来支持该方向？

奖励制度

如果在方向变化后没有对激励计划进行相应的变化，结果会是仅仅因为旧的行为继续加强，一个较好的计划得不到良好实施。为了实现完全协调，奖励制度必须直接连接到企业的最重要成果。

问题	• 应当对哪些最重要的行为进行奖励，以推动我们实现愿景？ • 现有薪酬体系对这些关键行为的奖励情况如何？ • 需要做出哪些改变来使我们的薪酬制度与新的战略方向相一致？

沟通

在制定完策略后，制订一个将该策略传达给所有相关受众的计划是非常重要的。要制订你的沟通计划，应采取以下步骤：

制定沟通计划的步骤	• 明确所有应被告知该计划的受众。 • 对于每个受众，应明确所需的信息、用于传达信息的最适合的媒介、进行传达的人和完成传达的时间。

下面是一个沟通计划范本。

沟通计划范本（摘录）

受　　众	信息内容	媒介物	负责人	截止日期
员工	战略文件、后续步骤、他们的角色	专门员工会议	首席执行官	30天
主要客户	一页的摘要和信函	会议	销售经理	向客户发出邮件的一周前
所有其他客户	一页的摘要和信函	邮寄	营销经理	60天
一级合作伙伴	一页的摘要和信函	邮寄并在下次会议进行审查	渠道经理	60天
所有其他合作伙伴	一页的摘要和信函	邮寄	渠道经理	60天
公众	一页的摘要和信函	网站	营销经理	60天

监控

我们公司在20年的时间里已经将驱动力模型用于数百个规划举措，我们认为，一个三个阶段的监控流程能够使计划得到所需的关注，从而推动计划的实现。客户可以选择报名参加一个、两个或所有三个阶段。我们认为，监控流程非常重要，如果客户想完成计划但不愿意对监控进行投资，我们会考虑拒绝这一项任务。这是一个激进的观点，我们的目标是向客户传达一个信息："计划"通常不是他们想要的东西。相反，他们正在寻求战略性的积极的变化。我们的经验一遍遍地证实了，如果没有一个结构化的监控结果的流程，战略变革几乎是不可能实现的。

推进流程总结

- **月度**：策略领导者将更新其行动计划状态，以确保我们正在做我们说过的要做的事情。总体计划协调员将向规划团队的所有成员分发一份绩效报告。
- **季度**：规划团队将开会审查策略状态和具体目标进展情况。规划团队将决定停止或者继续哪些目前的策略以及启动哪些新的策略。规划团队将基于问题和优先顺序调整具体目标。

- **年度：**规划团队将开会审查年度进展情况，确定新的障碍和关键成功因素，更改具体目标，并重新确定优先事项和行动计划。

为了说明这个三管齐下的方法，让我们回到会议策划师协会及其五个战略方向的例子。下面是针对会员的具体目标和策略。需要注意的是，C1 策略是“会员”领域内唯一的优先级策略。

C. 会员	
最大限度地提高会员的增长率、留存率和参与度。	
为期三年的具体会员目标	**会员策略**
• 将会员数量从 500 人增至 650 人（第一年的里程碑：550 人）	C1. 利用评估调查和行业推荐来选择优秀的发言人与主题
• 每次会议的平均会议出席人数从 175 人增至 250 人（第一年：200 人）	C2. 实施公关活动，向当地媒体报告活动情况，增加协会的知名度（**优先级策略**）
• 实现有 10%的委员会会员参与的目标（第一年：7%）	C3. 在会议后举行季度委员会交流会

▶ 范例：月度检查——我们是否正在按照计划实施

在行动规划过程中回想该问题，为每个优先级策略创建详细的行动计划。一个行动计划通常包括完成优先级策略所需的六个到十几个主要行动步骤。对于上述公关项目策略，可能会制订如下行动计划。

行动计划（摘录）

C1. 实施公关活动，向当地媒体报告活动情况，增加协会的知名度。

	行动步骤	负责人	截止日期
1.	制定一个目标受众、媒体、频率以及潜在的故事情节的清单		2 月 1 日
2.	至少与两家媒体开展电话会议或面对面会议		3 月 1 日
3.	分发首次季度新闻稿		4 月 1 日

在月度监控过程中，要问的问题“我们是否正在按照计划实施”着眼于行动步骤是否正在得到执行。驱动力模型监控流程包括以下步骤来得到你的答案。

月度监控流程

- 当月 15 日，每个策略领导者会收到一封邮件提醒，说明行动计划中月底时应完成的项目。这次提醒目的是鼓励将策略措施从第 1 象限移到第 2 象限。
- 当月的最后一天，策略领导者会收到一封电子邮件表格，回复说明完成了什么、采取了哪些相应行动以及完成任务的百分比是多少。
- 计划协调员上传策略领导者的更新信息，从而产生一个“仪表板”，显示符合计划进度的策略（绿色）、稍微有点落后的策略（黄色）以及已经远远落后于计划进度的策略（红色）。该团队会收到根据业绩对本月进行的总体评级。
- 计划协调员向整个计划团队分发“仪表板”报告、评级、叙述性说明。这样做是为了向那些符合计划进度的策略表示认可，向让团队失望的人员施加同伴压力。

下面的附表是一个监控“仪表板”示例的摘录。彩色“仪表板”将以绿色显示 100%完成的策略，以黄色显示完成度在 75%或以上的策略，以红色显示完成度不到 75%的策略。整个组织会收到一个基于表格中所示数值的分数和等级。

监控“仪表板”示例（摘录）

	“仪表板”小结	77% C+	89% B+	91% A-	84% B	98% A
		1 月	2 月	3 月	4 月	5 月
	100%完成	3	7	8	6	10
	完成度 75%～95%	6	3	2	3	1
	完成度 0～75%	2	1	1	2	0
A1	举行关于下一次会议规划的季度研讨会					
B3	与食物赈济处合作，向无家可归者收容所提供未动用的食物					
C1	实施公关计划，并在当地媒体报道活动情况					

范例：季度审查——我们是否正在实现既定的成果

月度流程通过回答“我们是否正在按照计划实施”这一问题将重点放在活动上，而季度流程则通过回答“我们是否正在实现既定的成果”这一问题将重点放在结果上。在驱动力模型中，具体目标就是结果。在一项为期三年的计划中，你的团队通常会为每个具体目标确定一个三年目标以及第一年的里程碑，以确保团队正在取得进展。在每次季度审查中，你通过问“结果是什么，按照目前的进度，到年度预期会进展到哪儿”这一问题来评估各个具体目标。

在会议之前，准备一份表格，列出所有的具体目标，并显示三年的目标、本年度的里程碑、负责人、今年至今的绩效和预期到本年度结束时的业绩。评级栏应该留作空白，让小组在季度审查期间进行填写，如下面的示例中所示。

评级具体目标示例

具体目标	第一年	负责人	今年至今（第一季度）	期望	评级
将会员数量从 500 人增至 650 人	550 人	会员部负责人	520 人（40%）	560 人（120%）	

如上所述，第一年的里程碑是使会员人数增加 50 人，达到 550 人。在第一季度审查中，他们有 520 位会员。他们没有使会员人数增加到 550 人，他们增加了 20 位会员，而设定目标是 50 人，所以他们仅在第一季度就完成了设定目标的 40%。根据这一进度以及他们在会员加入时所了解到的信息，他们预期会员人数将在年底达到 560 人。这意味着他们有望实现目标的 120%。因此，他们会给自己打一个 A+级。

在季度审查中，团队还检查了每个策略的进展情况。例如，在具体目标审查中所做的，在会议之前，准备一份表格，列出所有的优先级策略，并显示负责人、今年至今的完成度和建议停止或继续的评论。决策栏应该留作空白，让小组在季度审查期间进行填写。

策略评估示例

策略	负责人	完成百分比	备注/建议	决策
实施公关活动，向当地媒体报告活动情况，增加协会的知名度	市场部负责人	25%	按计划进展良好，建议继续	

策略讨论期间，整个团队审查每项策略的情形和建议，并确定继续哪些策略、终止哪些策略、是否需要启动附加策略。下面总结了关于策略要提出的问题。

关于策略的提问	• 我们是否应该继续投资这项策略，还是改变该项策略？ • 我们是否应该终止对这项策略投入的时间和精力？ • 根据如今的情况和获知的信息，我们是否应该启动其他策略？

评审完具体目标和策略之后，团队随后确定是否授权对具体目标做以调整。为什么要授权变更具体目标？以下列举了部分典型实例。

为什么要变更具体目标	• 团队一致认为该项具体目标已经不再重要。 • 要实现该具体目标的资源无法获取，或其他条件无法达成。 • 团队根据附加的信息总结认为设定的目标太低或太高。

可以对某具体目标中途变更进行授权，切勿仅因为实际表现低于目标而变更。这对团队来说较为常见，一两个季度表现不佳，就要变更目标会使目标更易于达成。确保认识到合理目标执行不佳和目标设定过高不适当之间的区别。

为期半天的季度审查会议日程的示例在本章的流程部分有描述。

▶ 年度更新流程：我们应该对该计划做出哪些改变

年度更新用以确认该计划中具体目标的完成进度，并根据需要对该计划进行修订。

年度更新	• 和季度审查一样，团队为具体目标评级。但这次评级的依据是实际表现，而不是预期表现。 • 团队评估该年度所采取的每项策略和学到的经验教训完成的百分比。 • 团队识别新的障碍和关键成功因素，随后修订可量化的具体目标，保证再次设定第一年的重要事件时间表。 • 识别推动具体目标的新的优先级策略，根据需要开发新的行动计划。

上述步骤使团队学习过去的经验教训，在跨入计划周期的下一年度时对该计划加以修订。全天年度更新会议的议程示例在本章的流程部分有描述。

▶ 评级注解

具体目标评级的意义是为团队提供一个确定其进展如何的方式。关于评级有一个特殊的问题需要提出。

- 有些团队更喜欢非字母的评级，而对给出一个与预期表现相关的百分比感到满意。百分比给出精确的评价，无须承担字母评级带来的潜在包袱。
- 如果采用评级，确定界定数值范围且前后一致。有些团队认为大于等于 90%是 A，也有团队将 A 定义为大于等于 100%。
- 明确评价的内容是什么，无论是目标的实施进展还是从开始的进度情况。这引出了下一个秘诀。

秘诀 27　**监控时，确定进展评级和成果评级之间的区别。**

我们用一个会议策划师协会的例子来阐述这个观点。回忆会员的三个具体目标。

第三年会员具体目标

- 将会员数量从 500 人增至 650 人（第一年实现：550 人）
- 将每次会议的平均会议出席人数从 175 人增至 250 人（第一年：200 人）
- 实现有 10%的委员会会员参与的目标（第一年：7%）

第一个具体目标是在第一年将会员从 500 个增加到 550 个。假设第一年年底时，协会会员数量达到 530。完成百分比是 96%（530/550）还是 60%（应增加 50 个会员，实际增加 30 个）？

关于团队的具体目标方面的工作，我要求团队要十分清楚他们怎么量化目标的实现，仔细考虑要选择的动词。这项具体目标是“增加会员数量……”。根据使用的动词，增加量仅是目标的 60%，相应地评价该具体目标。

与第三个具体目标进行对比，实现 7%的委员会参与率。根据动词（实现），如果企业为 4%而第一年实现了 6%，则完成率是 86%（6/7），而不是 67%（2/3）。由此看出，量化的对象很重要。

指定计划监控人

一旦计划的发起转变为实施，我发现有一个岗位必不可少，必须由该人确保企业按计划执行。我将此角色称为计划监控人，有时称为“战略计划官”。我的经验是，首席执行官绝不是计划监控人的理想候选人。我认为如果计划不按希望方向进展时，首席执行官需要请他人帮助。

我发现计划监控人的最佳候选人是那个在计划搁置已久时感到沮丧的人。这个人一般相信质量，认为企业应该按计划采取行动。该人一般对追踪和持久的贯彻具有热情。

计划监控人仅负责收集和汇报工作，这点很重要。向人员问责不是该人的任务，下一节我们会讲到。

秘诀 28 任命一名计划监控人——非首席执行官——负责监控和汇报计划的进展。

问责

我们谈过了监控流程，现在继续讲问责。我在企业从事规划方案工作已有 20 余年。这段时期，我看过非常成功的企业，也看过在起点就跌倒的企业。为什么会出现这种情况？除前述的三个原因之外，我发现有个关键的问题应该问责，或者具体来说，是缺少这一因素。在驱动力模型中，问责有五个关键组成部分。

问责的五个关键点

1	明确识别并清晰阐明要做的工作	问责往往在第一步开始失败。工作未清晰定义，或预期和时间表未明确说出，或完成工作的计划未描绘出的概率有多大
2	接受职责	一旦确定好工作内容，有人必须接受职责以完成工作。请注意指定的职责和接受的职责不一样。是指定该人负责该工作，还是该人接受了其职责来完成其工作

续表

3	监控和汇报	问责来源于拉丁文单词，字面意思是对其负责。工作内容明确后，我们可能接受了该工作的职责。但是，没有监控和汇报的流程（没有人员给出答复的流程），就必然没有问责
4	完成工作的奖励	有效的问责的一个关键点是我们对完成负责项目的奖励。工作场所的奖励可以有多种方式，包括嘉奖、休假、礼品券、方便的停车位等
5	对表现欠佳的惩罚	为确保奖惩分明，有必要进行惩罚。很多企业尽量避免惩罚，而我的经验是，惩罚是让员工知道他们的表现让团队感到失望的一个重要组成部分

问责的一个或几个组成要素缺少会有什么后果吗？

不，事实上不是这样。如果任何组成要素缺失，很可能问责会出现重大的问题。但是，很可能有些举措不会完成，活动会宣告失败，借口就会占据上风。然而，如果缺少一个或几个组成要素，问责的效力就会很低，甚至在多数情况下根本无法建立问责。工作可能还是能做完，但很可能是出于参与者的绝对意愿和愿望来完成的，而不是因为缺少流程、监督或领导力。

如何能使员工负责任？以下是其他企业认为有用的问责策略的示例。

问责策略示例

- **将管理层薪资水平的一部分**与所有策略具体目标的季度实施进展情况相挂钩。这将强化团队对整体业绩，而不仅是对管理层特定领域的负责。
- **设立年度奖励基金**，仅由完成目标策略的团队分享。如果八个团队都成功，团队成员可分享该基金。如果只有一个团队成功，该团队得到全部奖金。每个团队的领导获得作为团队成员和作为团队领导的双份奖励。
- 团队采用的**其他奖励策略**如下：
  - 周末休三天
  - 现金奖励
  - 庆功派对
  - 为你最喜欢的慈善团队捐款

- **采用问责骰子**作为团队领导未能在一个月内履行责任的潜在惩罚。提前设置六种惩罚措施。如果团队未能履行其责任，团队领导摇骰子后，必须完成该数字指定的行动项。以下是摇骰子结果的惩罚实例。
  1. 整理团队的储物柜一个小时。
  2. 帮助另一个团队两个小时。
  3. 空白（无惩罚）。
  4. 交 20 美元作为团队的派对费用。
  5. 为团队每天带早餐小吃一周。
  6. 每周五清理团队的冰箱，清理一个月。
- 团队用过的**其他惩罚措施**包括：
  - 与高层领导一对一谈话，解释为什么团队未能履行其责任。
  - 每周五打扫休息室，打扫一个月。
  - 组织月度员工大会并订午餐。
  - 每天早到煮咖啡，做一周。

流程

前述章节分步骤讲解，本节列出了每个主要的监控和问责流程的活动并提供了议程。

设置协调、沟通、监控和问责流程的步骤

即将完成计划会议的时候，团队应花时间确立其用以监控和人员问责的流程。本章的例子为团队提供了一个起点，由此考虑计划的环境和内容，确定哪些作用最大。确定监控和问责流程时考虑以下步骤。

监控和问责步骤	• 确定使组织与战略计划保持一致应该采取的步骤。 • 确定该计划应该与哪些受众沟通、所需的信息、沟通的媒介、负责人员、每个受众的截止日期。 • 确定月度、季度、年度监控的流程。 • 确定问责的奖惩措施。 • 确立首次月度审查、季度审查、年度更新的截止日期。 • 指定作为监控活动的协调人员。

月度审查的步骤

以每月为基础，团队要回答以下问题："我们是否正在按照计划实施？"考虑以下步骤，如前所述，来完成月度审查。

月度审查步骤	• 当月 15 日，每个策略领导人会收到一封邮件提醒，说明行动计划中月底时应完成的项。这次提醒的目的是鼓励将策略措施从第 1 象限移到第 2 象限。 • 当月的最后一天，策略领导人会收到一封邮件表格，回复说明完成了哪些、对应的行动项、完成的任务百分比。 • 计划协调员上传并更新策略领导人的信息，生成一个"仪表板"，显示符合计划进度的策略（绿色）、稍微有点落后的策略（黄色）以及已经远远落后于计划进度的策略（红色）。 • 计划协调员向整个计划团队分发仪表板报告、评级、叙述性说明。这样做是为了向那些符合计划进度的策略表示认可，向让团队失望的人员施加同伴压力。

季度审查的议程

按照驱动力模型，团队每季度要提的问题是："我们是否达成了预期的结果？"以下示例概括了为期半天的季度审查会议的议程。

会议目标	• 审查计划的进度 • 重新评估具体目标和要用的策略
议程	A. 会议开场 • 欢迎参会、致开场辞 • 会议具体目标、交付成果 • 最值得骄傲的事情：从上次更新至今组织出现的最让你骄傲的事是什么 • 议程、基本规则 • 审查之前的行动项 B. 回顾具体目标 • 具体目标——是否按计划进展良好 • 我们最大的问题或障碍是什么 • 调整 C. 回顾策略 • 策略——是否按计划进展良好 • 我们最大的问题或障碍是什么 • 调整（保持、变更、停止或增加） D. 后续步骤 • 短期行动计划——会后需要立即做什么，以保证实施和始终贯彻
准备	• 会议之前，准备一张表，列出所有的具体目标、三年目标、第一年重大事件、负责人是谁、今年至今的绩效、年度预期的绩效。评级栏留出空白，由团队在季度审查期间填写（见本章前文的示例） • 同样地，会议之前，准备一个表格，列出所有的优先级策略，说明负责人是谁、今年至今完成的百分比、备注和建议停止或继续。决策栏留出空白，由团队在季度审查期间填写（见本章前文的示例） • 会议期间准备一份完整的计划和所有行动计划以备参考

▶ 年度更新的议程

根据驱动力模型，团队每年要回答的问题：“我们应对计划做出哪些变更？”为期一天的年度更新会议的议程示例如下。

会议具体目标	• 审查计划的实施情况和经验教训 • 根据需要，更新目前情况对应的具体目标和策略
议程	A．会议开场 • 欢迎参会、致开场辞 • 会议具体目标、交付成果、关键问题 • 战略框架的提醒 • 议程、基本原则 • 审查之前的行动项 B．审查过去的成绩 • 对我们的绩效评级 　■ 审查每项具体目标和目前进度 　■ 战略完成的百分比 • 我们取得了哪些关键的成就 • 我们有哪些重大问题和阻碍 • 出现了哪些新的趋势 C．设定未来的方向 • 根据需要修订具体目标 　■ 目前的具体目标仍然有效吗 　■ 需要制定哪些新的具体目标 • 据需要修订关键成功因素和阻碍 • 回顾策略 　■ 这些策略是否有助于具体目标的实现 　■ 是否有不再相关的策略 　■ 是否应增加新的策略 • 筛选优先的策略 D．后续步骤 • 短期的行动计划：会后需要立即做哪些工作，确保实施和贯彻始终 • 沟通方案：会议内容哪些需要沟通，和谁沟通 • 监控方案：我们如何继续监控我们的进度

续表

准备	• 和季度审查一样，在会议之前，准备一个表格，列出所有的具体目标，说明三年目标、第一年重大事件、负责人是谁、实际的表现（不需要“预期表现”栏）。评分栏留出空白，由团队在季度审查期间填写（见本章前文的示例） • 同样地，会议之前，准备一个表格，列出所有的优先级策略，说明负责人是谁、今年至今完成的百分比、备注和建议终止或继续。决策栏留出空白，由团队在季度审查期间填写（见本章前文的示例） • 会议期间准备一份完整的计划和所有行动计划以备参考

质量检查

如果你和你的团队制定了很好的沟通、监控、问责流程，你就会对以下问题给出肯定的回答。

质量检查	• 是否确定需要哪些调整，并对组织架构、活动任务、岗位职责、流程、系统、奖励进行调整以推动计划的成功？ • 是否制定了一个沟通方案，方案中确定了与关键的人员传达适当的信息的沟通流程？ • 是否确定了一个监控进度的流程？ • 流程是否包括监控战略和目标履行情况的方法？ • 流程是否提供了改变和增加新的策略和具体目标的机遇？ • 流程是否包含广泛汇报进展的要素？ • 是否建立了奖惩制度？

你在协调、沟通、监控和问责中的角色

监控和问责是很多计划方案中容易出问题的地方。发挥以下作用，你就能确保你的计划不会出现这些问题。

领导者的角色	• 确保你的团队花时间讨论企业准备实施战略计划时所需的变化。注意，组织架构和奖励机制的变化的需要，鼓励计划的采用。 • 指定适当的人员作为计划监控人。支持计划监控且有求必应，以此向团队展示你对监控的重视程度。确保每个人了解缺少跟进是绝不可行的这一点。 • 坚持要求所有团队成员在季度和年度监控会议时都到场，除非向你请假。 • 授权对某具体目标中途变更，切勿仅因为实际表现低于目标而变更。这对团队来说较为常见，一两个季度表现不佳，就要变更目标会使目标更易于达成。确保认识到目标合理执行不佳和目标设定过高不适当之间的区别。

专题

选择引导师

- 何时外请引导师
- 需要提出的关键问题
- 行业知识与引导技巧哪一个更重要
- 让引导师为与你共事做好准备
- 美国韬略公司核心引导团队
- 我们如何提供帮助

何时外请引导师

在战略规划流程中自始至终引导一个团队是一项艰巨的任务，而且很有挑战性。如果你曾经尝试过，就会知道让规划团队参与进来、保持专注、不偏离主题，应付难相处的人和失当行为，在人们发生分歧时让他们达成共识，而且还要确保每个人承诺贯彻执行，这一切是多么困难。

对于像战略规划这样至关重要的工作，由一个精通引导并且在引导团队进行战略规划方面经验丰富的人来进行引导，是很有必要的。有些组织内部就有具备引导和战略专长的人才，而另外一些组织则选择引进经过多年培训、经验丰富、收效显著的专业引导师。何时应该外请引导师呢？你可以从以下几个方面考虑。

何时应该外请引导师呢？

- 对于战略规划流程，你没有一个清晰定义的、经过检验和证明的方法。
- 你有懂得专业引导知识的人，但这些人都没有丰富的战略引导经验。
- 你的团队中不少人固执己见，或者团队以前在达成共识方面经历过一些麻烦。
- 你作为团队的领导者，对于组织的发展目标有具体计划，但是也不排除其他的可能性。
- 讨论最好由中立的一方来进行引导，从而为信任、参与和认可营造氛围。

经验丰富的专业引导师会带来一系列高度结构化的流程，帮助你创建战略规划框架。他们还掌握了众多的工具和技巧来适应你的团队。专业引导师能够帮助参与者作为一个团队出色地完成以下工作：聚焦于关键问题，构建共同的愿景，做出实现这一愿景的行动承诺。

需要提出的关键问题

如果你选择了外请引导师，而且已经将备选引导师的范围缩小到了几个人，就需要更细的筛选标准来帮助你选择其中的某位引导师。当然，检查参考标准也很重要。如果能让备选引导师花 30 ~ 60 分钟来引导团队或团队的一个小组，看看引导师的工作情况并评估一下他是否适合你的团队，这样就更好了。此外，我们建议利用以下七个问题帮助你进行选择。

1	你有什么问题要问我吗	好的引导师了解 5P 原则。首先，你必须了解目的（Purpose），其次是产出（Products）、参与者（Participants）、可能的问题（Probable Issues），最后是流程（Process）。要当心那些还不了解你的需求（你的目标、理想的产出、参与者以及可能的问题）就想描述他们能如何帮助你的（他们的流程）引导师。
2	你有什么方法可以使团队展开互动并保持专注	有些引导师有过成功的经验，但不一定知道为什么。头脑清醒的引导师则知道成功的关键所在。他们知道什么有效、什么通常不奏效，以及为什么。你的引导师应该能够说出让团队立即展开互动、保持专注以及绕过细枝末节的技巧。
3	你怎么处理失当行为	好的引导师知道应付失当行为的关键是首先要防止出现失当行为。你的引导师应该向你询问参与者的情况，他们关注的问题，以及他们在开会时通常会出现的问题。引导师应该推荐应对措施，如建立具体的基本规则、找个别参与者谈话或其他防止出现失当行为的策略。

4	你采用哪些策略让团队达成共识	造成人们发生分歧的原因只有三个，而且针对每个原因需要采用不同的解决方法。你的引导师应该能够清楚地说明每个原因，并解释说明一旦会议期间出现分歧，他用来应对每种类型分歧的策略。
5	如果我们决定继续与你合作，你需要哪一类情况介绍	好的引导师懂得，他们对你的业务越了解，就越不会拖整个团队的后腿。他们会查找文献资料，并且希望安排一个时间来进一步讨论你所在的组织、你的产品以及你所关心的问题。
6	你的客户喜欢你的引导方式时，通常会说什么	要特别注意这个引导师没有提到的事情。大多数引导师在引导团队时保持中立、设立基本规则并控制节奏。好的引导师带来的更要多得多。注意听有没有“高能量水平”“有洞察力的问题”“让我们完成更多工作的流程”“一种指挥大家却不让人反感的方法”之类的词。
7	根据你听到的内容来安排会议的议程	优秀引导师掌握了一套他们为客户多次定制的常规流程。他们精通这套流程，并在会议过程中能够迅速整合资源，现场创建一个定制的流程。因此，如果引导师不愿告诉你他们会如何满足你需求的“最初想法”，你可能会质疑他们是否具有在必要时当场改变课程的灵活性和效率。

行业知识与引导技巧哪一个更重要

经常有人问我：“选择一个了解本行业的引导师会更好一点吧？”我对这个问题的回答是：“也是，也不是。”我利用下面的矩阵解释一下。下面的矩阵将引导师的引导技巧和行业知识做了一个比较。

行业知识与引导技巧

		引导技巧	
		低	高
行业知识	高	**3**	**1**
	低	**4**	**2**

你希望你的引导师来自哪个象限？我建议按照图示中的数字顺序。原因如下：

1	高引导技巧 高行业知识	这是我的首选。这些引导师具有极其丰富的行业知识和熟练的引导技巧。由于他们的引导偏好，他们会首选专注于引导团队。而借助对行业的了解，他们能够更好地针对假设提出问题，并提出各种观点供团队考量。
2	高引导技巧 低行业知识	其次，我会选择引导技巧娴熟但行业知识欠缺的引导师，因为他们会把重点放在引导团队上。你的团队具备行业专业知识，而引导师需要强化对你业务的认识，这样才能充分了解商业模式和行业术语，不至于拖团队的后腿。
3	低引导技巧 高行业知识	这是四个象限中风险最大的象限。引导师对你的行业有深入了解，但缺乏有效的引导技巧。在此情况下，引导师往往依赖自己的行业知识和专业水平来指导团队，其结果是经常发号施令，试图说服团队接受你的意见，让整个团队都无所适从，因为这些引导师不具备引导技术和经验所带来的团队技巧、技能和意识。
4	低引导技巧 低行业知识	你的团队将很容易识别这个象限中的引导师。他们的引导技巧和行业知识都有所欠缺，通常为战略流程所做的贡献微乎其微，导致团队对其引导工作产生怀疑。

记住，在选择战略规划引导师时，除了引导技巧和行业知识，这个等式至少还有两个重要的维度：战略流程知识和与你的团队保持一致的个性。

无论要引导你的团队完成什么活动，引导师都必须完全了解流程。如果这个引导师不擅长战略，无论他/她是否了解你所在的行业，都很可能不适合引导你的团队制订战略计划。

同样，引导师的个性必须为团队服务。一个曾经引导过工程师的引导师，其个性不一定适合引导一群营销主管。同样，一个主要与社区团队协作的引导师，不一定适合引导董事会会议。但是要记住，好的引导师能够让自己的引导风格适应团队。因此，与引导师会谈时，评估其个性是否适合引导你的团队是十分重要的。

让引导师为与你共事做好准备

你选择一名引导师后，让这名引导师为与你和你的团队共事做好准备就很重要。考虑进行以下工作：

让引导师为与你共事做好准备的工作	• 确保你和引导师就“为什么”“什么”“怎样”达成一致：为什么你要进行规划，你希望主要得到什么样的产出，引导师怎样实现这一目标？ • 将管理层简报会作为一个载体，向引导师介绍你的团队，也向你的团队介绍引导师。 • 必要时，让引导师与你的团队成员进行一对一的谈话，确定其他在简报会上没有提到的问题，或者开始应对可能会提出挑战的个人。 • 用 1 ~ 3 小时向引导师介绍情况，让引导师了解你所在的行业、生产的产品、客户、主要的业务职能、行业存在的问题、术语以及缩略语。 • 与引导师讨论你在会议中所扮演的角色，以及你们两人如何共同完成领导者的主要职责，详见第 2 章。

美国韬略公司核心引导团队

美国韬略公司已经帮助数百家组织成功地制订了战略计划。我们拥有 500 多名签约引导师，我们的客户经理可以帮助你选择一名适合你的引导师。特别值得一提的是，我们的核心引导团队具有丰富的战略规划经验。他们是驱动力模型方面的专家，训练有素，擅长使用各种独特的技巧，能够保持高能量，营造高产出、高效益的规划环境。是什么让美国韬略公司核心团队的引导师们能够跻身于最优秀者的行列？以下列举数例。

为什么选择美国韬略公司核心团队的引导师	• 他们是使用简明扼要的驱动力模型方法进行战略规划的专家。 • 他们带来了经验，代表高管出场，能够立刻赢得信任。 • 他们了解启动会议的关键策略，让人们在会议一开场就参与进来，进行互动。 • 他们拥有熟练的提问技巧，可以迅速找出核心问题之所在。 • 他们能够灵活运用各种方法，而且具备让团队保持专注、不偏离主题的技巧。 • 他们熟知能量 3E，也知道要保持一个团队充满活力和积极参与应该做什么（和不该做什么）。 • 他们了解导致人们出现意见分歧的三个原因，知道什么时候会发生意见分歧，也熟知沟通分歧、达成共识的主要策略。 • 他们知道事先要采取什么措施来防止失当行为发生；而且，一旦出现失当行为，他们可以迅速察觉并且知道怎样利用四步流程干脆利落地解决问题。

当牙买加政府需要一个引导团队，帮助其引导一项全国性战略计划的制订时，他们找到了美国韬略公司。当一组最顶尖的教育工作者汇集在一起，要制定一项提交给奥巴马政府的公立教育议程时，他们要求美国韬略公司来引导达成共识的工作。当美国年度最佳建筑商需要战略引导、一家加拿大最大的汽车零件经销商寻求战略协助时，都找到了美国韬略公司——专业的引导公司。

我们如何提供帮助

你的需求	我们所做的工作
让我的团队认可并投入战略计划的制订	**管理层简报会** 面对面或通过网络让你的团队确定最重要的问题，回顾驱动力模型流程，并为你的团队量身定做一个战略规划
评估现有的战略规划——我是以此为基础，还是应该从头开始？	**战略回顾** 根据驱动力模型对你的规划进行 20 点评估，找出现有规划的优势和需要加强的领域
让一名熟悉战略的专业引导师来引导我的战略流程	**战略引导** 我们的核心引导师都是驱动力模型、团队参与和团队动态管理等方面的专家。他们会帮助你的团队在整个战略流程中充满活力、保持专注并富有成效
帮助我对组织进行协调，并通过实施达到战略目标	**战略协调与监控** 我们的结构化流程为你提供了对整个组织进行协调并集中精力制定战略规划的路线图。我们的监控和问责流程有助于将战略计划从笔头转化为你的团队经常使用的有效经营文件

如果你想要为自己的战略规划工作找一名引导师，我们的客户经理会帮助你从我们拥有 500 多名引导师的数据库里进行选择。你可以登录 www.leadstrat.com 联系我们。

美国韬略公司简介

与世界共享引导的力量 ™

引导培训，全球第一

如果你在寻找引导培训,就来对了地方!过去十年里,美国韬略公司已经崭露头角,成为美国首屈一指的会议引导和引导培训公司。我们的课程“高效引导师”受到了广泛的欢迎，超过 15 000 人次接受了培训。此外，我们还在旗舰课程中增补了针对特殊受众的引导培训课程。

引导培训

- 高效引导师
- 高级引导技巧
- 引导 IT 会议
- 引导式培训师
- 引导式顾问
- 引导师证书备考
- 引导式领导力
- 共创式战略
- 引导的七大分水岭

会议引导，全球第一

如果你需要专业的引导师，不用再找了。我们为各类公司提供专业的引导师，他们能够针对以下主题引导管理团队和工作组：

专业引导

- 战略规划
- 战略回顾和更新
- 问题解决
- 流程改进
- 团队建设
- 会议平台
- 社区参与
- 焦点小组
- 需求分析
- 辅导

我们的核心引导师都是引导原则 ™ 方面的专家，我们的引导方法包括引导的十项基本原则和上百项执行这些原则的具体技巧。这些原则为引导会议提供了一项综合的方法，并确保我们的工作保持一贯的质量和效能。

500 多名签约引导师

通过 FindaFacilitator.com 网站，我们建立了一个由 500 多名引导师组成的网络，补充了我们的核心引导团队。这个数据库为我们的客户提供了更多优秀的本地引导师，也让我们能够联系到全国顶尖的引导师。

各类公开的网络软技能课

除了九门与引导相关的课程，我们还提供众多其他领域的软技能培训。

其他软技能培训		
	• APEX：实现专业卓越	• 卓越的会议
	• 购买模式	• 卓越的视频会议
	• 培训造就卓越	• 卓越的展示
	• DISC 沟通模式	• 项目领导力
	• 高效传播者	• 战略规划
	• 高效团队发挥作用	• 管理客户关系的战略
	• 从管理到领导	• 双赢谈判

我们在美国亚特兰大、波士顿、芝加哥、达拉斯、丹佛、洛杉矶、纽约、旧金山、悉尼、多伦多和华盛顿都有公开课。我们还为全国和全世界的客户提供私人网络课程。

价值导向文化

一个组织在成长过程中，为了保持深厚的价值导向文化，需要有意识地致力于展现、提倡和奖励符合这种目标文化理念的行为。在美国韬略公司，我们十分注重公司文化。在每次与客户以及员工彼此之间的互动中，我们都恪守本公司的文化。美国韬略公司的文化有七大组成要素。

承担个人责任	出现问题时，我们承担起设法解决的责任（而不是向其他人抱怨或退缩）；犯错时，我们承认自己的责任
做正确的事，哪怕没有人看到	我们努力在我们与客户以及员工之间保持高度诚信和一贯性。我们不容忍不诚实的行为
满足客户需求，而不只满足他们的要求	我们努力了解客户的真正需求，以确保提供有效的解决方案
营造积极向上的团队环境	我们积极沟通，并通过提供协助、信息和指导互相支持（而不是只关心自己，给工作场所带来负能量）

联系我们

如果你想了解有关本公司业务的更多信息，请登录我们的网站 www.leadstrat.com，与我们联系。

56 Perimeter Center East, #103
Atlanta, Georgia 30346
770.454.1440
www.leadstrat.com
www.FindaFacilitator.com
www.DriversModel.com

作者简介

“在我的职业生涯中，我见过许多许多引导师，他是最优秀的。”

“他无疑是我共事过的最有才华的引导师。”

这样的评价值得注意——特别是当这些评价来自RadioShack前首席执行官罗伯特（Len Roberts）和United Way Worldwide首席执行官布莱恩·加拉赫（Brian Gallagher）时。

迈克尔·威尔金森（Michael Wilkinson）现任美国韬略公司总经理。美国韬略公司是一家专注于团队引导领域的领导力培训和战略咨询公司。迈克尔·威尔金森是引导行业公认的国内行业领军人物。

- 《引导的秘诀》《卓越会议的秘诀》《共创式战略》《购买模式》的作者。
- 国际引导学院董事会成员。
- FindaFacilitator.com数据库创始人。
- 北美地区最先取得认证优秀引导师资格的五人之一。
- 美国东南部引导师协会“2003年度最佳引导师”。
- 2011年国际引导学院北美地区会议的主题发言人。

他活跃于公共和私营部门，为可口可乐公司、优利系统公司、西尔斯公司、美国环保署（EPA）、美国疾病与预防控制中心（CDC）、美国癌症协会、美国联合慈善总会和牙买加政府等各类组织进行战略制定与领导力培训提供协助。

无论是美国国内还是世界范围内，迈克尔·威尔金森都是一位广受欢迎的引导师、培训师、演说家。他在曼谷、布里斯班、布鲁塞尔、格拉斯哥、汉堡、中国香港、伦敦、墨尔本、米兰、沙特阿拉伯、新加坡、悉尼和惠灵顿等地都圆满地完成了国际性的工作。他曾经引导过的会议的参与者对他的评价是，他充满活力的演讲风格，加之独特的洞察力，让会议热烈紧张、充满力量。

加盟美国韬略公司之前，迈克尔·威尔金森先生在ADP工作了六年，在安永管理咨询集团从事信息技术工作八年。他是达特茅斯大学的荣誉毕业生，现与妻子和两个孩子生活在美国佐治亚州亚特兰大市。

参考文献

Aaker, D., Developing Business Strategies, New York: Wiley, 2001.

Bossidy, L., Charan, R., Execution: The Discipline of Getting Things Done, New York: Crown Business, 2002.

Bradford, R., Tarcy B., Simplified Strategic Planning: The No-Nonsense Guide for Busy People Who Want Results Fast, Worcester, MA: Chandler House Press, 2000.

Bryson, J., Strategic Planning for Public and Nonprofit Organizations: A Guide to Strengthening and Sustaining Organizational Achievement, San Francisco: Jossey-Bass, 2004.

Conner, D., Managing at the Speed of Change: How Resilient Managers Succeed and Prosper Where Others Fail, New York: Random House, 2006.

Covey, S., The Seven Habits of Highly Effective People: Powerful Lessons in Personal Change, New York: Free Press, 1989.

Flamholtz, E., Randle, Y., Growing Pains: Transitioning from an Entrepreneurship to a Professionally Managed Firm, San Francisco: Jossey-Bass, 2007.

Fogg, C. D., Team-based Strategic Planning: A Complete Guide to Structuring, Facilitating and Implementing the Process, New York: AMACOM, 1994.

Kim, W. C., Mauborgne, R., Blue Ocean Strategy: How to Create Uncontested Market Space and Make Competition Irrelevant, Boston: Harvard Business Press, 2005.

Nolan, T., Goodstein, L., Goodstein, J., Applied Strategic Planning: An Introduction, San Francisco: Pfeiffer, 2008.

Stern, C., Deimler, M., The Boston Consulting Group on Strategy: Classic Concepts and New Perspectives, Hoboken, NJ: Wiley, 2006.

Treacy, M., Wiersma, F., The Discipline of Market Leaders: Choose Your Customers, Narrow Your Focus, Dominate Your Market, Cambridge: Basic Books, 1997.

Wilkinson, M., The Secrets of Facilitation: The S.M.A.R.T Guide to Getting Results With Groups, San Francisco: Jossey-Bass, 2004.

Zawacki, R., Transforming the Mature Information Technology Organization, Redondo Beach, CA: Eagle Star Publishing, 1995.

反侵权盗版声明